JN120022

多文化共生と
異文化コミュニケーション

台湾における東南アジアからの人々との共生

小川直人

八朔社

台湾全図

新北
（シンペイ）

台北
（タイペイ）

基隆
（ジーロン）

桃園
（タオユェン）

新竹
（シンジュー）

桃園県

新北市

苗栗
（ミャオリー）

新竹県

宜蘭県

苗栗県

台中
（タイジョン）

台中市

南方澳
（ナンファンアオ）

彰化
（ジャンホワ）

彰化県

南投
（ナントウ）

花蓮県

花蓮
（ホワリェン）

南投県

雲林県

嘉義市

台南
（タイナン）

嘉義県

台南市

屏東
（ピンドン）

高雄県

台東県

高雄
（ガウション）

屏東県

東港
（ドンガン）

台東
（タイドン）

まえがき

　日本では 1990 年以来，多文化共生センターや国際交流協会のような機関
が各地方自治体に設置され，外国人への様々な対応を行ってきた。また，日
本語という言語の壁が高くそびえているため，多文化共生を推進するにあた
り在住外国人に対し多くの地域住民が様々な形で日本語教育に携わってき
た。2019 年 4 月からは改正出入国管理法の成立により，より多くの海外（東
南アジア諸国）からの労働者を受け入れ始め，多文化共生がますます必要な
時代になりつつある。そこで，本書は同様の状況を日本よりも早く経験して
きた台湾の多文化共生の実態に焦点を当て，異文化コミュニケーション研究
の視点から分析を行った。

　第 1 部では，本書のベースとなる異文化コミュニケーション研究と多文化
共生に関する研究について，簡単に紹介する。

　第 2 部では，台湾における異文化から来た人たちとの共生を理解する上で
必要な，ホスト文化の人々のコミュニケーションの一般的な特徴について，
筆者の経験に基づき説明する。

　第 3 部では，台湾における東南アジアからの人々との共生について，台湾
各地の異文化コミュニティで行った参与観察によって明らかにされた事実に
ついて述べる。

　第 4 部では，多文化共生のために必要な能力とそれを習得するための方法
について，第 3 部で述べたことに基づき考察する。

　本書は，筆者の過去 20 年ほどにわたる台湾（主に台北）訪問の際の経験と，

2018 年の 3 月の終わりから 1 年間，台湾大学の研究センター（國立臺灣大學人文社會科學發展中心）に訪問学者として滞在した際に行った，離島を除いた台湾全土に及ぶフィールドワークに基づいて書かれている。フィールドである異文化コミュニティの発見は，よく知られた台北駅や台中駅周辺などを除き情報がなかったため，Google マップで東南アジア系のスーパーや食堂を検出し訪れるという手探りで行った結果，実際に訪れてみたところ異文化コミュニティと呼べないところも多くあった。そして，フィールドにいるときはスマートフォンを用いて観察したことをメモし，後に MS ワードにまとめるという作業の結果，計 61 ページになった。また，フィールドで撮影した写真は 3,000 枚以上に及ぶが，本著ではその中の 122 枚（カバーにある 10 枚を含む）を厳選し掲載した。

　台湾滞在中は台湾人である妻とその家族・親族をはじめ，多くの台湾人や日本人，そして東南アジアの方々からの協力をいただいた。また，台湾で研究を行うための貴重な 1 年間を与えていただいた日本大学と，受け入れていただいた台湾大学を含め，関係したすべての方々への感謝の念に堪えない。

　本書の内容は，台湾での東南アジアからの人々との共生の実態から多文化共生と異文化コミュニケーション研究について考察したものであるが，台湾で起きていることは決して対岸の火事ではない。現に筆者の居住する静岡県沼津市においても，ベトナム人，インドネシア人，スリランカ人など，東南アジアから来た若者たちを街中や駅前で目にする機会が増えている。日本政府の方針により今後，東南アジアから日本に働きに来る若者たちが日本各地で増えていく中，本書が彼（女）らとの共生をより良いものへとする一助となれば幸いである。

2020 年 1 月 30 日

著　者

CONTENTS 目次

第3部　異文化コミュニティにおけるフィールドワーク

第5章　台北駅構内大ホール（車站大廳）

第6章　台北市内にあるその他の異文化コミュニティ

第4部　多文化共生のために必要な能力とその習得方法

第 11 章　異文化コミュニケーション能力と多文化共生

第 12 章　多文化共生のための異文化トレーニング

第1部

異文化コミュニケーションと
多文化共生

桃園市新住民文化会館の展示物

第1章

異文化コミュニケーション

　異文化コミュニケーションは，人間のあらゆるコミュニケーションを研究対象とするコミュニケーション学の中の１つの研究領域である。コミュニケーション学は古代ギリシア時代のレトリック（修辞学）の考察にルーツを持つが，学問分野として成立したのは 20 世紀になってからである[1]。異文化コミュニケーション以外のコミュニケーション学の主要な研究領域には，個人間コミュニケーション，家族コミュニケーション，集団間コミュニケーション，組織コミュニケーション，健康コミュニケーション，政治コミュニケーション，マスコミュニケーションなどがある。ここでは，コミュニケーション学の中でも比較的に新しい領域である，異文化コミュニケーションの研究の意義と手法について簡単に述べる。

1．研究の意義

　異文化コミュニケーションがコミュニケーション学の中の１つの研究領域として成立したのは，２つの世界大戦を経ての国際協調や文化相対主義の大切さが認識されるようになったアメリカにおいてである。文化相対主義とは，「自分の生き方を導くためにあらゆる社会によって設定された価値観を認め，あらゆる習慣に価値を見いだし，他の因習は自分のとは異なるかもしれないといった寛容の必要性に基づく哲学」[2] のことである。それ以前の世界は，自文化中心主義的な考え方に満ちていた。自文化中心主義とは，「自分の属す集団があらゆる集団の中心であり，その集団の価値観を尺度として他の集団を判断するという観点」[3] のことである。このような見方であれば異文化との間に紛争を起こすのも無理はない。この自文化中心主義の反対に位置す

る観点が，文化相対主義なのである。

　異文化コミュニケーション研究とは，文化背景の異なる人とのコミュニケーションの際に生じる誤解を少なくするためには何がなされなければならないかを明らかにするものである。そこでは，文化相対主義に基づく観点が必要であり，力の強い者が弱い者を従わせる「弱肉強食」の価値観が蔓延し，また自文化中心主義が当たり前であった時代には成り立たなかった。もちろん，今日の世界でも「弱肉強食」の価値観や自文化中心主義の態度は根強く存在しているため，それらをパワーバランスの偏りと捉え分析を行う異文化コミュニケーションの研究者も多く存在する。しかし，異文化コミュニケーション研究の始まりは文化相対主義的な観点によってもたらされたという事実は重要であり，今後もこの観点に基づく研究は必要である。

　文化相対主義にはすべての人間が持つ普遍的な人権などの立場からみて不備があり，政治文化や伝統文化の価値に基づく人権の抑圧を制止することができなくなるとの批判がある。しかしこれは文化相対主義と倫理相対主義を混同した結果の批判であり，これら2つは切り離して考えるべきである。「倫理は異文化にも存在するため多様性を持つということ（文化相対主義）は，正当な倫理的判断は特定の文化的文脈においてのみ可能であるということ（倫理相対主義）とは異なる」[4]からである。したがって，文化相対主義とは固有文化における人権抑圧などの非倫理的な習慣を擁護するものではなく，異文化に存在する様々な価値観に対する偏見を排した見方であると言える。

　異なった視点からの異文化コミュニケーション研究の意義を指摘する。コミュニケーションを通じた他者との関わりは，社会生活を円滑に営む上で大切であり，特に歴史的に異文化の人々との接触が多い地域においては，コミュニケーションを通じた異文化の人との交渉を自分たちが損をしないように行う術を身につけることは，所属集団のリーダーに求められる資質の大きな側面であった。異国間の移動が一般人にも容易になった現代のグローバル化の時代においては，島国である日本でも勤めている会社に外国籍の人がいることや，まだ地域差は見られるものの近所に異文化の人が住んでいることはもはや珍しいことではない。そのような環境下で，昔ながらの「郷に入っては郷に従え」をホスト文化の人々が新たに入ってきた異文化の人々に対し唱えているだけでは，両者の間に生じる誤解や摩擦は大きくなるばかりであ

る。そこで，異文化の間で生じやすい誤解や摩擦を減らすための異文化コミュニケーションの研究，さらには両者の協働・共生を促進するための異文化トレーニング・プログラムの構築および実施が必要なのである。

2．研究の手法

　異文化コミュニケーション研究には様々な手法が使われている。それは，文化を扱ってきた伝統的な学問分野には文化人類学，社会学，心理学，言語学などがあり，それぞれの研究から文化とコミュニケーションに関する部分を抽出し合成したものが異文化コミュニケーション研究となったからである。そのため，それぞれの学問分野で発展した研究の手法（例えば，参与観察，インタビュー，計量分析，内容分析，修辞学的分析，テキスト分析など）が，そのまま異文化コミュニケーション研究に入り込み，現在でも研究者によって使用されている。その中でも，1980年代から2000年代にかけての異文化コミュニケーション研究の大いなる発展に寄与したのは，実証主義に基づき統計学の手法を駆使する計量分析である。

　そこで，実際にその計量分析がどのような研究手法であるのかを簡単に説明する。例を挙げると，比較対象の文化（例えば，日本とアメリカ）を独立変数とし，コミュニケーションの現象（例えば，コミュニケーションのコンテキスト度[5]に基づくスタイル）を従属変数とし，変数の数により分散分析（ANOVA）や多変量分散分析（MANOVA）を用いて文化差の有無に言及するといった手法である。さらに後になって同一文化内における個人差を考慮することの重要性が問われたため，自己観（Self-Construal）や自尊心（Self-Esteem）などの個人レベルの特質に関係した変数を共変量（Covariate）として加える分析方法が有効であるとされた[6]。このような分析の結果明らかにされたことは，例えば，日本人の方がアメリカ人よりもコンテキスト度の高いコミュニケーションを行う傾向があるという文化レベルでの相違と，日本人・アメリカ人の区別なく，他者から独立した自己観（Independent Self-Construal）を持っている人の方が，他者と協調的な自己観（Interdependent Self-Construal）を持っている人に比べ，コンテキスト度の低いコミュニケーションを行う傾向があるという個人レベルでの相違である。

　これらの統計解析を用いた研究手法では，比較対象文化の各々において

4

従属変数として扱われるコミュニケーションの現象が標準分布的に観察されることが前提であるため，比較対象文化すべてが共有するコミュニケーションの現象に焦点を合わせる必要がある。そのため，比較対象文化内で共有されるコミュニケーションの現象における文化差の有無を調査するには有効な手法であり，同じコミュニケーションの行動が文化によって違う意味に解釈されること，すなわち比較対象文化間（例えば，日本とアメリカ）で誤解を生じやすいコミュニケーションの行動を明らかにすることが可能である。

　様々な研究の手法が用いられる異文化コミュニケーション研究ではあるが，1つの研究において複数の研究手法を用いる，トライアンギュレーション（Triangulation）が奨励されている[7]。例えば，明らかにしたいコミュニケーションの現象について計量分析を用いるだけでなく，参与観察やインタビューなどの質的調査を同時に用いて研究を行うことで，研究対象のテーマに多角的に迫ることに加え，それぞれの研究手法が持っている真実性や一般化などに関する弱点を補うことができるのである。

　トライアンギュレーションによる研究を行うためには，1人の研究者が複数の研究手法を習得し使用することでも可能であるが，特に異文化コミュニケーション研究においては異なった視点に基づく別の手法を習得した他者との共同研究が奨励されている点も指摘しておく。異文化コミュニケーションの研究自体が異文化の視点を含む方が，より良い研究となる可能性が高まるのである。

第2章

多文化共生

　多文化共生は現在のグローバル社会において，避けては通れない重要な問題の1つである。また，異文化コミュニケーション研究においても，それは実社会での実現を追求する課題の1つである。例えば，異文化コミュニケーション研究の主要な研究者の1人であるグディカンストも，その代表的な著書である『Bridging Differences (4th ed.)』[1] の最終章で言及しており，その内容は後に多文化共生の箇所で紹介する。この章では，多文化共生の背景にある同化主義と多元主義について説明し，次にそれらを踏まえて日本社会の現状を分析し，そして異文化コミュニケーション研究における多文化共生について述べる。

1. 同化主義と多元主義

　それではまず，同化主義と多元主義の違いについてキムの指摘に基づき説明する[2]。同化主義とはその国における支配的な民族集団にとっての価値観を常識的なものとみなし，他の民族集団に対してそれを強いるイデオロギーのことである。同化主義の背景には，民族集団にではなく個人に力点を置いた「個人主義」，人間としての普遍性に言及する「普遍主義」，そして社会参加の際，人種・民族の違いによって差別を受けないための「手続き的平等」といった考え方が存在する。さらに同化主義においては「個人的アイデンティティ」や「人間的アイデンティティ」を確立することの重要性が強調される。しかし，現実にはその国や地域における支配的な民族集団にとってのこれらに対する考え方が反映されるため，支配的でない民族集団に属す者を支配的な民族集団へ取り込もうとする力が生じ，同化を推進することに

つながるのである。

　それに対し，多元主義とはその国におけるすべての民族集団にとっての価値観をそれぞれ相対的なものとみなし，支配的な民族集団への同化を推進する力に抗うイデオロギーのことである。多文化主義の背景には，支配的でない民族集団に属す者にとっては「個人主義」，「普遍主義」，「手続き的平等」はいつも実現可能とは限らないため，「相対主義」が必要とされ，また「集団的（人種・民族的）アイデンティティ」を維持し尊重することの重要性が強調される。その結果，支配的でない民族集団に属する者を支配的な民族集団へ取り込もうとする力に反発する力が生じ，同化の流れに抗うことにつながるのである。

　同化主義と多元主義という2つの観点からみたこれまでの日本社会は，同化主義が強く働いていると言え，それは日本に在住する大多数の人が「日本人」であることから多元主義の必要性が低かったことによる。また，異質性の高い多民族社会における同化主義は「意識的」であるのに対し，同質性の高い日本社会における同化主義は「無意識的」であるという相違も指摘できる。すなわち，日本においては一般的に「日本人」として同化することが当たり前であるため，あえて「日本人」になることを意識する必要がなく，またそれに抗う多元主義も必要とされなかったからである[3]。しかし，文部科学省の教育方針の中に「グローバル人材の育成」が登場してきたように，これまでとは異なった日本人像，特に多文化共生などの多元主義を理解した人材が必要とされてきているのも事実である。そこで次に，同化主義と多元主義に関連した日本社会の現状について，「強い不確実性の回避傾向」と「グローバル化による価値観の多様化」という2つの視点から考察する。

2．日本社会の現状

　日本人の一般的な行動特性として，よくわからないことや曖昧なことなどの「不確実性」を回避しようとする傾向が強いことがホフステッドにより指摘されている[4]。この不確実性に対する強い回避傾向は他民族とのつきあい方にも当てはまり，その主要な原因として，民族的同質性の高い社会においてはその社会の構成員同士の情報（例えば，言語，宗教，慣習，価値観など）の共有量が多いため，不確実性が低い中での人間関係の形成・維持の方法（す

なわち，コミュニケーションの方法）が発達する一方，自分たちと情報を共有しておらず不確実性を高く感じる「異質」な者に対しては，どのように人間関係を形成・維持していくのかがわからないため，回避してしまうのである。さらに，日本においては先に説明した「日本人」が圧倒的に多いため「日本人」への同化のイデオロギーが意識せずにも存在し，「日本人」へ同化できない者に対しては不確実性の高い「異質」な者[5]とすることにより，回避してしまう傾向が強くなると考えられる。

　世界を席巻するグローバル化の波は，様々な形で日本の社会や人々に影響を与えている。まず，海外から日本へ訪れる人数の増加が挙げられる。日本を訪れる目的は，観光，留学，ビジネスなど様々であるが，都市部や観光地において外国人を多く見かけることはもはや珍しいことではない。しかし，そうした外国人を受け入れる日本の体制がいまだ整っていないことに加え外国人側の日本の慣習に対する理解不足も手伝い，多くの外国人が訪問したり居住したりしている地においては異文化摩擦が生じているのも事実である[6]。また，このような国際社会のグローバル化は日本人の間にも「価値観の多様化」という影響を与えつつある。例えば，夫婦別姓や同性婚に対する考え方の変化であり，さらには幸福観や人生観に関する考え方の変化である。価値観が多様化するということはこれまで高かった日本人の同質性が低くなるということであり，単一民族的であった日本社会の性質が多民族社会の性質へと変わっていくことを意味する。そのため，これまでの「無意識的同化主義」から「多元主義」へと，意識的な変革が必要とされてきているのである。

3．多文化共生

　総務省が 2006 年にまとめた報告書によると，日本の地域における多文化共生とは「国籍や民族などの異なる人々が，互いの文化的違いを認め合い，対等な関係を築こうとしながら，地域社会の構成員として共に生きていくこと」[7]である。これまでの日本社会では，先に述べたように「無意識的同化主義」が強く存在していたため，受け入れ側である先住の日本人が新たに入ってきた異文化の人々に対し，一方的に日本文化への適応を求めてきたことと比較して大きな方向転換である。そこでここでは，異文化コミュニケーシ

ョン研究において，多文化共生がどのように扱われているのかについて言及する。

　異文化コミュニケーション研究では，多様な他者と共生するためのコミュニティの構築という視点から，多文化共生が扱われてきた。従来のコミュニティの多くはその本質が同質民族型（あるいは，単一民族／文化型）であるため，異文化からの居住者を自文化中心主義的に扱うことが多い。しかし，異文化間における移動が容易になった今日のグローバル社会において，従来型のコミュニティは多くの矛盾を抱え，文化の相違に基づく軋轢が生じることも少なくない。それは同質民族型のコミュニティでは，民族的少数派で政治的・経済的弱者はそのコミュニティにおける民族的主流派（政治的・経済的強者）の価値観を一方的に受け入れ，少しでも主流派（強者）に近づけるように自身を変化・適応させていくことが求められるが，それらの少数派（弱者）の増加に伴った主流派との力関係の変化にコミュニティのシステムが対応できていないからである。このコミュニティ・システムの矛盾に基づいた軋轢が原動力となり，コミュニティのあり方が同質民族型から多文化共生型へと変化し始めているのである。

　先に述べたように，多文化共生コミュニティにおいては異文化間の摩擦を避けるために文化相対主義的な観点が重要とみなされるが，主流派・少数派の両者がそれぞれの文化を尊重しながら対等に接し，互いに学び合うことのできる関係の構築がコミュニティ継続の鍵となる。そのため，異文化間に存在する様々な壁を越えることにより対等な関係の構築を実現するための言語力を含めた異文化コミュニケーション能力の習得は，多文化共生コミュニティの構築に向けて必要である。

　過去の研究から，コミュニティの形態には一般的に2種類あることがわかっている。それらは，「類縁型コミュニティ（community of affinity）」と「異種型コミュニティ（community of otherness）」である[8]。類縁型コミュニティは同じような考えを持つ個人によって構成され，同じような言語や標語の使用によってもたらされる安全性を重視するが，構成員同士が親しい関係を築くことはない。それに対し異種型コミュニティは，それぞれの構成員が異なった考え方や実践方法により集団に寄与するといった性質を持ち，異質な個人が共通の関心を持つことで成り立つものである。グディカンストはグローバ

ル社会における異種型コミュニティの構築の重要性を主張し，その性質について以下のように述べた：

　　まとめると，正直かつ他者に対しオープンで，互いに信頼し，倫理的に行動し，他者との共生に賛同する，多様な個人から成るコミュニティである。コミュニティの構成員は互いに公民（市民）として振る舞い，多様性を重視しながらも人としての共通点を見出す努力を怠らない。コミュニティの存在は構成員に生きがいを与え，平和と集団間の調和をもたらす。コミュニティは集団の中に構築されるが，個人は結婚・職場・学校・市・国家・世界などにおいてコミュニティを構築する義務を負わなければならない。最後に，コミュニティの構成員は道徳的に振る舞う[9]。

　したがって，多文化共生は異種型コミュニティに含まれるイデオロギーとみなすことができ，類縁型コミュニティから異種型コミュニティへの変革こそが，多文化共生の実現につながるのである。

第2部

ホスト文化：
台湾人のコミュニケーション

台北駅構内大ホールで行われたイベントの展示物

第3章

台湾に居住する人々の民族的背景

　もともと台湾人と言えば，民族的な多数派である閩南人を指すことが多かったが，今日では民族的背景で区別せずに，台湾人としてのアイデンティティを持つ者を台湾人として扱うことが増えてきた。とは言え，民族的背景によるすみ分けや政治的立場の違いは根強く存在する。そこでこの章では，台湾に居住する人々の民族的背景について，5つの区分（台湾原住民，閩南人，客家人，外省人，新住民と移工）により説明する。

1．台湾原住民

　17世紀（清の時代）に漢民族が台湾へ渡り始める以前から台湾に住んでいた人々のことで，フィリピン，インドネシア，マレーシアを含んだ太平洋やインド洋地区に広く分布する，オーストロネシア語族（南島語族）に属す[1]。また，現在台湾政府に認定されている民族には次の16がある：アミ族・タイヤル族・サイシャット族・ブヌン族・ツォウ族・パイワン族・ルカイ族・プユマ族・タオ族（ヤミ族）・サオ族・クバラン族（カヴァラン族）・タロコ族・サキザヤ族・セデック族・カナカナブ族・サアロア族。台湾原住民の総人口は約50万人であり[2]，台湾全体の2%ほどと少ない。写真1は苗栗にあるサイシャット族が利用する建物の外観を示している。

2．閩南人

　「閩」とは福建省の古名であり，福建省の南に住んでいた閩南人が200〜300年ほど前に多く台湾に移住してきた。また，閩南人の代わりに福佬人ということもある。閩南（福佬）人は台湾の人口約2,400万人の70%ほどを占

写真1　サイシャット族が利用する建物の外観

写真2　客家人のコミュニティ

める最大の民族グループであるため[3]，彼（女）らが話す言語である閩南（福佬）語が一般的には台湾語として認識されている。

3．客家人

　客家人は閩南（福佬）人と同じころに広東省東北部と福建省西部から台湾に移住してきた。人口は全体の10％ほどを占め，彼（女）らが多く住む地域には北部の桃竹苗地区（桃園・新竹・苗栗）や南部の六堆地区（高雄市から屏東県にまたがった地域）があるが，これ以外の台湾各地にも居住している[4]。写真2は苗栗にある客家人のコミュニティの様子を示している。

4．外省人

　日本が台湾を統治する以前に台湾に居住していた漢人のことを本省人と呼ぶのに対し，日本が敗戦し去った後に台湾に来た漢人のことを外省人と呼ぶ。中国共産党との内戦に敗れた国民党政府が台湾に逃れるときにいっしょに来た軍関係者が多く，総勢100万人を超えると言われる[5]。

5．新住民と移工

　新住民とは台湾人男性との婚姻により台湾に来た外国人妻のことを一般的に指し，その多くは中国大陸かインドネシアやベトナムなどの東南アジア出身で，総計55万人ほどいる[6]。彼女たちの多くは，台湾に来て主婦になるのではなく，働いている。そして，移工とはインドネシア，ベトナム，タイ，フィリピンなどの東南アジア各国を中心に海外から台湾に仕事を求めて来た男女労働者で，総計70万人ほどいる[7]。

第4章

日本人からみた台湾人の
コミュニケーションの一般的特徴

　台湾人[1]のコミュニケーションを調査した研究は少ないため，この章では台湾に居住する多くの人々の間で共通して見られる，日常生活における一般的なコミュニケーションの特徴について述べる。その内容は，筆者自身の過去20年にわたる年数度の台湾（主に台北）訪問時の個人的経験と，2018年3月末から1年間台湾に滞在し，フィールドワークを行った結果に基づくものである[2]。日本人と比較したときに，違いとして認識されやすい台湾人のコミュニケーションの特徴をまとめると，以下の15になる。

1．内集団の重視（家族主義）

　台湾滞在中，家族のあり方に関する様々な話を耳にした。例えば，台湾では留学生のためのホームステイの受け入れ先を探すのが難しく，その理由は台湾の家族内には多くのルール（例えば，家族内での地位に基づくマナーなど）が存在し，ホームステイのホストファミリーとして留学生を受け入れた際，家族内ルールに対する留学生の理解不足から問題が生じることが多いためである。したがって，内集団（家族）に属す人たちと，異文化の人たちの間には高い壁があると言え，また内集団に新たに加わる場合は，異文化の者であってもそこに存在するルールに順ずることが求められるのである。言い換えると，内集団内には普遍的な人間関係のルールが存在し，それを順守することなしにはその集団の一員としてみなされない。

　また，家族を重視する面がわかりやすく表れている例として，結婚披露宴での席順が挙げられる[3]。日本では前から順に仕事関係者，友人，親族，

そして家族と，家族は新郎新婦からいちばん離れたテーブルにつくことが多いが，台湾では家族，親族，友人，仕事関係者といったように，関係の深い人から順に新郎新婦と近いテーブルにつくことが多い。これは決して，日本人は家族を疎んじ，台湾人は仕事仲間を疎んじるという意味ではないが，両文化における人間関係に関する価値観の違いが表れているのには違いない。

2．自己と他者との関係（プライバシー・遠慮）

　日本人と台湾人を比較すると一般的に次のことが言える。日本人の自己は，所属する内集団における他者との間には一定の距離が存在するものの他者との協調を重んじるため自己主張を避け，自己は埋もれてしまいがちである。また，自己と他者の間にある距離のため，他者への理解は自己とは別のものとなる。つまり，日本人は自分が良いと思うものであっても，親友はそれを良いものと思うとは限らないと考え，自分がおいしいと思うものであっても親友もそれをおいしいと思うとは限らないと考える傾向が台湾人に比べ強いのである。

　それに対し台湾人の自己は，所属する内集団における他者との間に距離はなく（あるいは短く），他者との協調を重んじるものの自己は主張し埋もれることはない。また，自己と他者との距離のなさ（あるいは短さ）のため，他者への理解は自己の延長上にありがちになる。つまり，自分が良いと思うものは親友もそれを良いと思うであろうと考え，自分がおいしいと思うものは親友もそれをおいしいと思うであろうと考える傾向が日本人に比べ強いのである。

　他者との間に距離がない（あるいは短い）と認識する者同士の間には，プライバシーや遠慮の観念は存在しえない。それは，プライバシーや遠慮とは相互の間に距離がある者同士の間に成立する観念だからである。したがって一般的な傾向として，日本人はプライバシーや遠慮の存在を認識しそれを尊重するのに対し，台湾人はプライバシーや遠慮の存在を認識しない。その結果，日本人と台湾人の交流において，日本人は「台湾人はプライバシーを侵害する」や「台湾人は遠慮がない」などのように感じることがある一方で，台湾人は「日本人はよそよそしい」といった距離を感じることになるのである。

3．直情的スタイル（言語・非言語）

　直情的スタイルのコミュニケーションとしてまず挙げられるのは，日本人と
比べたときの台湾人の会話における声の大きさである。特に，家族や友人と
の会話では，大きな声で話すことが多いが，台湾人からすると日本人の声が
小さ過ぎるということになる。また，日本人に比べ感情表現が直接的かつ豊
かな人が台湾には多く，相手の機嫌の良し悪しは表情と声色で判断すること
が容易である。台湾の映画館で日本のコメディー映画を鑑賞した際に聞こえ
る笑い声の大きさも，日本の映画館よりはるかに大きい。さらに，会話にお
ける身体の動きやジェスチャーの使用についても，日本人に比べると多い。
人は感情を表現しようとすると自然に身体が動く傾向があり，会話やスピー
チにおける感情表現の頻度は日本人よりも台湾人の方が多いからである。

4．ターンテーキング

　会話における台湾人のターンテーキングは，日本人に比べ少ない。会話の
スタイルとしては，話したいことがある者が話し，他者はそこに自由に割って
入ることができる。もちろん，話を聞いている者が質問されたり，意見を求
められたりした際にはそれに応える必要があるが，その場にいる全員がター
ンテーキングによって公平に話すというスタイルではなく，話したい者がター
ンテーキングなしにいくらでも話すことができるのである。そこで，他者が話
しているのをさえぎって割り込んでいく会話のスタイルに慣れていない日本人
にとっては，台湾人の会話に参加するのはなかなか難しいと感じられる。特
に現地の言語（北京語と台湾語）を理解しない場合は，自ら日本語や英語で
会話に参加しようとしないと現地言語での会話が続き，会話内容を理解でき
ないまま放置されることになる。

5．不確実性への態度

　台湾では身内や仲間内において，詳細な情報は共有されていなくても問題
にならないことが多い。例えば，友人5人と食事をする約束をしてレストラン
に行ったら7人に増えていたり，反対に10人で食事をする予定が行ってみた
ら7人しかいなかったり，多少の人数の変更は日常茶飯事のため幹事から知

らされないことが多いが，気にする者はいない。この計画変更の例以外にも，台湾では日本人にとってみると予期せぬことがよく起こるため戸惑うこともあるが，台湾人にとっては何でもない。これは，予期せぬこと，すなわち不確実性に対する態度の違いのためであり，台湾人は日本人よりも不確実性に対して寛容であると言える。

6．カジュアル

　服装はコミュニケーションのメッセージであり，また文化を反映するものでもある。台湾では大学の教職員や一般の会社員を見たとき，スーツなどのフォーマルな服装ではなく，カジュアルな服装の人が多い。1年を通して温暖な気候の影響も大きいと考えられるが，結婚式や葬儀においてもジーンズなどのカジュアルな服装で現れる人が見られることからすると，文化的な影響だと言える。

7．礼儀

　台湾では儒教に基づく礼儀が存在する。身内で食事をする際は祖父・祖母などの年長者がまず箸をつけるのが礼儀であり，電車やバスでは優先席に限らず若者がお年寄りに席を譲るのは当たり前の行為とされ，日本に比べ敬老の考えが強い。また，目上の人に会うときには何か手土産を持参することが礼儀であり，手ぶらで会うのは礼儀知らずとみなされるのである。

8．おもてなし

　台湾で人をもてなすと言えば，おいしい食べ物をたくさん出すことであり，そのもてなしに応えるためには，「おいしい」と感謝しつつできるだけ多く食べることである。その他にも日本人と似たようなおもてなしの行動はあるが，自己と他者との関係でも述べた通り，他者への理解は自己の延長上に存在しがちなため，相手の好みに合わせた「共感」のおもてなしより，自身が相手にとって良いであろうと考える「同情」のおもてなしの方が多い。

9．本音と建前

　台湾で親族や友人から手作りの食べ物をお土産として受け取り，後日その人と会った際に本音ではなく建前として「おいしかったです」と伝えると，同じ食べ物を繰り返し受け取ることになることがある。これは，台湾人はあまり建前を言わないことによる。台湾人は日本人よりも建前を言うことは少なく，本音を言うことが多いのである。

10．時間の感覚

　時間の感覚には文化差があることがホールにより指摘されている[4]。台湾人の時間感覚は日本人のものよりも，ゆったりとしている。親族や友人との待ち合わせで遅れることは，日本人よりも多い。また，台湾の店で何か取り寄せの注文をしたときの入荷予定日は，いちばん早く入荷できた際の日時を提示するため，実際の入荷日は予定日よりも遅れることがある。日本では遅くてもこの時までには入荷できるという日時を提示することが多く，これも時間の感覚における違いによるのである。

11．臭いに対する許容性

　年間を通じて台湾は湿度が高いこともあり，部屋干し臭の強い衣服を着ている人を電車で時々見かけるが，誰も気にする様子はない。また，街には臭豆腐や麻辣鍋などの強い臭い（匂い）がするエリアが随所に見られるが，別に問題ではない。台湾人の中にも臭豆腐の臭いは苦手という人もいるが，日本人に比べると，台湾人の臭いに対する許容性は高いと言える。

12．女性同士で手をつなぐ

　女性同士（友人間，家族間）で手をつないだり腕を組んだりしている姿が，台湾の街ではよく見かけられる。身体接触行動においても，日本人女性と台湾人女性の間には違いがあるということである。

13．せっかち

　バスや電車の利用において，台湾では降車するバス停や駅に到着する2，

3分前に座席からドアの前に移動し，ドアが開くと急いで降車する姿が見かけられる。バスは時に停車時の揺れが激しいため，この行動は危険であるが，お年寄りも含め「せっかち」である。また，予約したタクシーを待たせるのは良くない行為である。この場合「せっかち」なのは少しの時間も無駄にしたくないタクシーの運転手であり，あまり待たせると不機嫌になる。

14．新し物好き（好奇心）

飲食物，スマホやゲーム，そしてバイクや車などの好みにおいて，質が良いのは大切だが，新たに登場したものを好む傾向が日本人以上に見られる。新しい物に興味をそそられるのである。そのため，流行り廃りのサイクルも日本以上に速い。

15．あらゆる状況における人間関係（コネ）の重視

台湾では，レストランの予約，仕事，遊びなど，日常生活のあらゆる状況において常に人間関係（コネ）を重視したコミュニケーションが見られる。例えば，レストランを予約するときに，誰かのコネがすでにあればそれを利用し，コネなしで利用した際にそのレストランが気に入れば，その場でそこの社長や従業員と会話を通じて関係を築き，次回にコネとして利用する。

最後に，台湾における地域差について言及しておく。台湾ではよく，「台北に住む人々は冷淡で，台南に住む人々は温かくてやさしい」というステレオタイプ的な考えを耳にすることがある。筆者が日常的に接するのは北部の人ばかりだが，日本での経験に比べると，台北人であっても温かくてやさしいと感じることが多い。しかし，本調査のため台南を訪れて地元の人々と接してみると，ステレオタイプで言われている通り，台北人よりもさらに温かくてやさしい人が多いと感じた。ある台北人いわく，「台湾人（閩南人）の伝統的な特徴は，台南に多く残っている」とのことである。このように，九州ほどの大きさの台湾であるが，地域の歴史や民族性，職種（例えば，漁村）などに基づく地域差は存在する。

第3部

異文化コミュニティにおける
フィールドワーク

台北駅

第5章

台北駅構内大ホール（車站大廳）

　現在，台湾には多くの外国人が居住している。その中でも東南アジア各国（インドネシア，タイ，ベトナム，フィリピン，マレーシアなど）から台湾に仕事を求めて渡ってきた人々がもっとも多い。台北駅構内にある大ホールは，もともとはイベントを行うためにつくられた空間であるが，次第に東南アジアからの労働者が休みのときに友人たちとゆっくりと時間を過ごす場となっていった。その理由として，台北駅の構内というアクセスの良さに加えて，天候に左右されずに無料で時間制限がなくゆっくりと過ごせることや，清掃と空調により快適な空間が維持され，さらに無料の Wi-Fi が利用できることなどが挙げられる。

　この大ホールでは，2018 年6月 24 日から 2019 年3月 18 日の間のランダムな日時に，計 60 時間ほどの参与観察を行った。ここでの大きなパターンとして，通常の月曜日から土曜日は旅行客が電車やバスの乗り継ぎの時間合わせのために，座しているのがもっとも多く見られるが，それほど混雑はしない。休日になると，若いインドネシア人女性を中心に，東南アジアの人々が多く現れ，友人たちとの会話や食事を楽しむ様子で混雑する。夏休みなどで学校が長期休暇に入ると，10 代の台湾人の若者が多く現れる一方，休日であっても東南アジアの人々の数は減少する。西洋暦の大晦日から元日にかけてと，旧正月の長期休暇の間は，台北以外の地域からも多くの東南アジアの人々（特に，男性）が集まるため，通常の休日の雰囲気とは異なった感じになり，非常に混雑する。この章では，「大ホールにいる人々は何をしているのか」ということに着目し，参与観察により明らかになった活動について，写真[1]を用いながら説明する。

1．座者の活動

（1）食事

　旅行者が食事をとるために座したり，またピクニック感覚で友人たちと座して時間を過ごす過程で食事をとったりする姿がよく見られた。その際，飲食物は家で料理して持ってきたものもあれば，タピオカミルクティーなどの近辺の店から買ったものもある。写真3は，旅行中と見られる家族がスーツケースをちゃぶ台代わりに囲み食事をしている様子を示し，写真4は，東南アジアの人たちがそれぞれ持ち寄ったものを皆でいっしょに食べている様子を示している。主要駅の構内の大ホールという公共の場であるが，何でもできるような自由な雰囲気が感じられる。

（2）会話（家族間，友人間，恋人間）

　家族や友人，あるいは恋人といっしょに座して会話を楽しむ姿がよく見られた。写真5は，平日の日中に地元のお年寄りが友人たちと会話を楽しむ様子を示し，写真6は，東南アジアの人たちがグループで会話をしている様子を示している。

（3）写真撮影（自撮りも含む）

　家族，友人，恋人同士で写真を撮り合ったり，自撮りをしたりしている人がよく見られた。東南アジアの人々が多く集まる場としてメディアに何度も取り上げられた場所でもあるので，この場にあえて座して記念に写真を撮る旅行者の姿もよく見られた。写真7は，東南アジアの女性が友人と写真を撮っている様子を示している。

（4）待ち合わせ

　友人と待ち合わせをし，その後どこかに行く姿がよく見られた。また，東南アジアの人が2人で座していたところに時間が経つにつれ次々と人が集まり，大きなグループになっていく様子もよく見られた。それ以外にも，集団旅行の待ち合わせにこの場を利用する高校生くらいの地元の青年たちの姿も見られ，写真8はその様子を示している。

写真3　スーツケースをちゃぶ台代わりに囲み食事をする家族

写真4　持ち寄った食べ物を友人といっしょに食べる

写真5　地元のお年寄りが友人と会話を楽しむ

写真6　グループで会話をする

写真7 友人と写真を撮る

写真8 集団旅行の待ち合わせをする

（5）楽器演奏

主に若い東南アジアの男性か地元の男性がギターやパーカッションを演奏し，友人と自国の音楽を楽しむ姿が見られた。写真9は，地元の若者がギターを演奏している様子を示している。

（6）幼児の子守

幼児の子守りをする東南アジアの女性（フィリピン人とインドネシア人）の姿が見られた。写真10は，フィリピン人女性が幼児の子守りをしている様子を示している。

（7）トランプ・ボードゲーム

家族や友人といっしょにトランプやボードゲームを楽しむ姿が見られた。写真11は，夏休みに地元の若者が友人とボードゲームを楽しむ様子を示している。

（8）グループ製作

地元の高校生か大学生とみられる5名から10名ほどのグループで，学校のプロジェクト（模造紙を使用してのプレゼンテーションなど）か何かの準備をしている姿が見られた。写真12はその様子を示している。

（9）誕生日のお祝い

友人の誕生日を祝うために，ケーキを持参してハッピーバースデーの歌をうたっている東南アジア系のグループがいくつか見られた。写真13はその様子を示している。

（10）おしゃれ

東南アジアの若い女性同士が，髪を結ったり化粧をし合ったりしている姿が見られた。写真14はその様子を示している。

（11）車いすに座る老人の介護

台湾に介護職で来たインドネシア人やフィリピン人の女性が，日ごろ住み込

写真9　地元の若者がギターを演奏する

写真10　フィリピン人女性が幼児の子守りをする

写真11　地元の若者が友人とボードゲームを楽しむ

写真12　地元の若者がグループで何かを制作する

写真 13 友人たちと誕生日を祝う

写真 14 友人の髪を結う

みで介護をしているお年寄りを車いすで連れ出し世話をしつつ，友人と楽しんでいる姿が見られた。写真15はその様子を示している。

（12）小さい子供の遊び

親や祖父母，また東南アジア系（主にフィリピン人）の乳母に連れられた幼児が遊んでいる姿が見られた。写真16はその様子を示している。

（13）寝る

男性が1人で仰向けになって寝ている姿が見られた。写真17はその様子を示している。

（14）ノートパソコンの操作

ノートパソコンを持ち込んで操作する男性の姿が見られた。写真18はその様子を示している。

（15）ダンス

東南アジアの女性たちが友人とダンスをする姿が見られた。写真19はその様子を示している。

（16）その他8つの活動

これまで紹介した15の活動以外にも多くの活動が観察されたが，その中でも複数回観察された8つの活動について写真なしでまとめて述べる。

①集団旅行の最終会議

地元の中学生が修学旅行最終日，別れ際のミーティングを行う。

②リラックス

台湾人の若者が，まるで自分の部屋にいるかのように横になってリラックスしている。

③仕掛け時計を見る

大ホールに設置されている仕掛け時計が動いているのを見る。

④読書

1人で来て，ただひたすら本を読む。

写真 15　介護している女性を車いすで連れ出し、友人と会話をする

写真 16　幼児が遊ぶ

写真17　寝る

写真18　ノートパソコンを操作する

写真19　友人とダンスをする

写真20　食べ物を販売してまわる

⑤お祝いのカードを書く

　何かのお祝いのカードを書く。

⑥SNSでの会話

　東南アジアの人々が，台北駅構内のフリーWi-Fiを利用し，SNSのビデオ通話で祖国にいる家族や友人と会話を楽しむ。

⑦スマートフォンでオンラインゲーム

　若者がスマホを利用したオンラインゲームを楽しむ。

⑧充電

　大ホールの柱に設置してある電源を利用し，スマホを充電する。

2．その他の活動

（1）販売

　大ホール内での許可なしの販売活動は禁じられているが，東南アジアの人たちを対象にこっそりとお菓子や食べ物，またコーリングカードなどを販売してまわる東南アジア系の姿が，休日に見られた。写真20はその様子を示している。

（2）宣伝

　座している地元の若者を対象に，スマホを使用してQRコードから入った先で会員登録することによりクーポン券などを与えるような企業の宣伝活動や，英語学校の生徒募集の活動などが夏休みなどの長期休暇中によく見られた。写真21はその様子を示している。

（3）警察官の巡回

　禁止されている許可なしの販売活動などを取り締まるため，巡回する警察官の姿がよく見られた。写真22はその様子を示している。

（4）清掃

　大ホールと駅の構内を清掃する清掃会社の女性の姿がよく見られた。写真23はその様子を示している。

写真 21　何かの宣伝をしている

写真 22　巡回する警察官

写真 23　清掃する

写真 24　大ホールの半分を利用した手工芸品の販売イベント

写真 25　東南アジアの文化を紹介するイベント

写真 26　メディアがリポートしている

（5）各種イベント

大ホール全体や半分を使用して，手工芸品や飲食物の販売や，芸術・文化のプロモーションのイベントなどが，週末や長期休暇中によく見られた。写真24は，手工芸品を大ホールの半分を利用して販売しているときの様子を示し，写真25は東南アジアの文化を紹介するイベントの様子を示している。イベントが行われるときには座すことのできる区域が制限されるため，大ホール内に入りきれなかった東南アジアの人々が大ホール外側の駅の構内に座すため，駅利用者の妨げとなることもある。

（6）メディアのリポート

東南アジアの人々が多く座している中でリポートするメディアの姿が数回見られた。写真26はその様子を示している。

（7）その他3つの活動

これまで紹介した6つの活動以外にもいくつかの活動が観察されたが，その中でも複数回観察された3つの活動について写真なしでまとめて述べる。
①集金活動

ホームレスの男性が座している東南アジアの人たちをまわり，お金や抽選くじ付きのレシートを集める。特に，インドネシア人女性に対してはやや強引にお金を要求し集める。
②ツアーへの説明

台北ツアーの1つの訪問先になっていて，ツアーを引き連れたガイドが大ホールについて説明する。
③犬の散歩

小型の犬をつないで大ホール内を歩かせている。

3．大晦日（12月31日）の様子

台湾では旧暦の正月を祝うが，新暦の1月1日は毎年休日（2018年は12月31日も休日）となり，各地で年変わりのカウントダウン・イベントが行われる。また12月31日は翌日まで大ホールを閉じないため，夜通し滞在することが可能となる。夕方には多くの東南アジアの人々が集まり始めたが，いつも女

写真27　大晦日に集まった人たち

写真28　年が明けた深夜１時ごろにグループで食事をする

写真29　クリスマスの頃に行われた台湾原住民のイベント

性のグループが多いのに対し男性のグループが多い。写真27はその様子を
示している。
　夜の11時を過ぎた頃から，座していた東南アジアの人々が徐々にいなくな
り始め，0時前に残ったのは地元の若者の数グループだけになる。台北101
で0時から行われる花火を観に行くためで，深夜1時を過ぎると花火観覧
からもどった東南アジアの人々で混雑した。写真28は，年が変わった1時
ごろ，友人たちと食事をする様子を示している。

4．考察

　台北駅構内大ホールは，地元の人，東南アジア（インドネシア，ベトナム，
フィリピン，タイ，マレーシアなど）から働きに来た人，海外からの旅行客など，
様々な人たちによって利用されていることがわかった。また，平日と休日で
は全く景色が異なる点も特徴的である。ここで行われる様々なイベントの中
でも，クリスマスの頃に行われた台湾原住民のイベントのときは多文化共生

の観点からも興味深かった。それは，電灯で光輝くクリスマスツリーの前で記念撮影をするイスラム教徒のカラフルな衣服に加え，台湾原住民の多様な民族服が映えていたからである（写真 29 はその様子を示している）。この場における多文化共生とは，異文化の人それぞれが，話す，食べる，休む，楽しむ，売る，買うなどの生きるための様々な活動をただ行うことである。

第6章

台北市内にある
その他の異文化コミュニティ

　台北市は台湾の首都として機能し，その不動産価格は今日の東京よりも高いと言われる。そのため，大学を卒業したばかりの地元の若者と同様，東南アジアから働きに来た人々にとって台北市内に部屋を借りて生活するのは高過ぎるため，新北市などの周辺に居住することが多い。ただし，フィリピン人女性やインドネシア人女性など，住み込みでの介護を職とする場合はもちろん，台北市内に居住している。台北市内には，台北駅構内大ホール以外にもたくさんの異文化コミュニティが存在するが，この章ではその中でも台北地下街，台北駅構内大ホール以外の場所とその構外，北平西路，台北行旅広場，大安森林公園，中山北路三段に焦点を当てて参与観察を行った結果，明らかになったことを述べる。

1．台北地下街

　台北地下街は，台北 MRT の松山新店線にある北門駅から高鉄や台鉄の要である台北駅までの間の地下にある，全長 825 メートルのショッピング・飲食店街である。過去には全体の売上が悪いときもあったが，現在では日本のアニメのフィギュアやコスプレ，ゲームなどのサブカルチャーに焦点を当てた店を増やし，様々なイベントを行うことで台湾に多く存在する「オタク」の取り込みに成功し，週末や休日には多くの若者で賑わっている[1]。
　また，週末に東南アジアからの人々が多く集まる台北駅に直結していることもあり，次第に東南アジア系の衣服や食料品・日常生活用品などを扱う店や，インドネシア食堂が増え，休日には多くの東南アジアの人々を見かけるよ

写真 30　インドネシア食堂街

うになった[2)]。

　台北地下街では，2018 年 6 月 24 日から 2019 年 3 月 18 日の間のランダムな日時に，計 57 時間ほどの参与観察を行った。その結果，多文化共生の観点からいくつかの興味深い現象が観察された。そこで，ここではそれらの観察された多文化共生に関する現象について，写真を用いて説明する。

（1）インドネシア食堂街の様子

　台北地下街の一角にあるインドネシアの食堂や雑貨店は，休日になるとインドネシア人たちで混み合っている。通常，女性が男性よりも多く，写真 30 はその様子を示すものである。日曜日の朝は，地下街の店が開く朝 10 時よりも前にインドネシアの食堂は営業を開始する。この辺りは食堂が閉まっているときも，台湾料理とは異なった独特な匂いに満ちている。この周辺の台湾の食堂は，インドネシア語でのメニューも張り出しているところがある。

　インドネシアの食堂は休日だけ賑わい，平日は客があまりいなく閉じてい

写真 31
壁に貼ってあった
インドネシア食堂の
メニュー

る食堂もある。客はインドネシア人を中心とした東南アジア系が大半だが，時々台湾人や海外からの旅行客の姿が見られる。そのため，料理の単価は他の台湾の食堂での値段に比べ高く設定し，休日の売上だけで営業を維持できるようにしている。東南アジア系の食堂での価格の高さは台湾全域で見られ，平日は仕事で忙しい労働者を対象としたビジネスの方法として定着している。写真 31 は，地下街の壁に貼ってあったある食堂のメニューである。

（2）ショッピングを楽しむ東南アジアの人々の様子
　休日になると多くの東南アジアの女性たちが，携帯電話，衣服，腕時計，ジュエリー（翡翠）の店に集まり，ショッピングを楽しむ。写真 32 はその様子を示すものである。中には台湾人のお年寄りを乗せた車いすを押しながら

写真 32　休日にショッピングを楽しむ

ショッピングをしている，インドネシア人女性やフィリピン人女性の姿もある。

（3）イベント（夏日花火浴衣祭）があるときの様子

　台北地下街にはいくつかのイベント広場があり，週末や休日になるとゲーム，カラオケ，楽器演奏，ダンスなどの様々なイベントが行われる。それら年間を通じて行われる多くのイベントの中でもっとも大きいのが，日本式の夏祭り（夏日花火浴衣祭）である。このイベントでは日本の伝統音楽や舞踊，剣道，茶道などの実演，金魚すくい，パチンコ，屋台，神社などに加え，アニメやゲームのコスプレなど，ありとあらゆる日本文化が登場し，多くの台湾人が集まる中で子供や若者の間で浴衣を着ている者も多い。台湾在住の日本人も少しは関わっているようだが，基本は台湾人によるイベントである。ステージがインドネシア食堂街の側に設置されているため，記念撮影をする東南アジアの人々の姿も見られる。写真33〜36は，この祭りの様子を示している。

　この夏祭りを細かく観察すると，「狐の嫁入り」「鬼」「水戸黄門」のコラ

写真 33　金魚すくいを楽しむ地元の子供たち

写真 34　浴衣を着た地元の若者が屋台に集まる

写真 35　設置されたステージ上でのパフォーマンス

写真 36　設置された神社で記念撮影

ボや，また神社の神様が台北地下街のゆるキャラになっているなど，日本とは異なる点も多いのだが，参加者は日本文化を満喫しているようである。「細かいことを気にせず，楽しければいい」という台湾人の考え方が現れていると言える。さらに，日本人があまり関わっていない，台湾における日本の夏祭りであり，日本の文化が台湾人に吸収され新たに生み出された，台湾人による台湾人のためのイベントである。

（4）車いす

　街中の歩道は段差が多く，車いすでの移動は困難である。それに比べ地下街は平らであるため，車いすに座る人やそれを押す人にとっては気軽に移動できる場所である。そこで，地下街に現れるのはインドネシア人やフィリピン人に介護されているお年寄りだけでなく，車いすに座った元気な身体障害者も多い。写真 37～38 は，その様子を示している。

（5）日本のサブカルチャー

　台北地下街には若者向けのお店が多く，その中には日本のゲーム・プラモデル・フィギュアなどを扱う店も多い。また，日本のガチャガチャや UFO キャッチャーも多く設置されていて，これらは安いため東南アジアの人々も気軽に楽しんでいる。写真 39～40 は，その様子を示している。人気フィギュアの発売日には，店の前に地元の若者たちで長蛇の列ができ，新しい日本のゲームイベントはたくさんの人で賑わう。また，営業時間に流れる音楽には日本のポップミュージックも多く含まれ，ここには日本の文化が溢れている。

2．台北駅の構内・構外

　2018 年 6 月 24 日から 2019 年 3 月 18 日の間のランダムな日時に，計 6 時間ほどの参与観察を行った。台湾の中心的な駅であるが，日本の東京駅とは異なりスーツを着て忙しく歩く姿はほぼ見かけない。駅の建物の 2 階はレストラン街になっていて，日本からの出店も多い。ただ，東南アジアの人々が 1 階の大ホールに多く集まる休日の時でも，彼（女）らの姿はここではあまり見かけない。また，夜になると駅の周りにはホームレスたちが寝るために集まってくる。ここでは台北駅の構内と構外について，参与観察を通じてわ

写真 37　車いすを押すインドネシア人女性

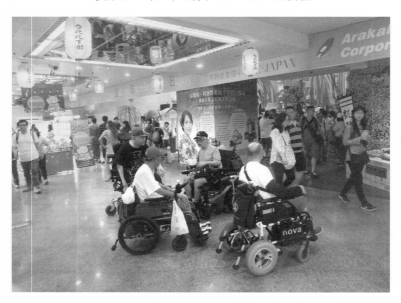

写真 38　車いすを利用する地元の男性グループ

写真 39　日本のプラモデルやフィギュアを扱う店

写真 40　UFO キャッチャーで楽しむ

かった多文化共生に関する３つの特徴的な現象を指摘する。

（1）イスラム教（インドネシア人）のイベント

　イスラム教徒のインドネシア人が多く居住する台北や台中などの地域では，インドネシアからイスラム教の指導者などを招いての宗教イベントが定期的に行われ，台北駅すぐ前の広場ではほぼ２か月おきの日曜日に見られる。このイベントには多くのインドネシア人たちが集まり，駅構内の大ホールやその周辺，また台北地下街などにも普段よりもたくさんの人で賑わう。写真41〜42は，その様子を示している。

（2）大晦日（12月31日）

　午後から夜にかけ次第に多くの東南アジアの男性のグループが駅の内外に現れる。写真43はその様子を示している。座してギターを演奏しながら，友人たちといっしょに歌をうたっている者もいる。駅の構外には喫煙している者が多く，禁煙エリアでも喫煙している。これは通常は見かけない風景のため，遠くから来た者たちだと考えられる。夜11:30頃には台北101の花火を観に行くために人が減ったが，約１時間後にはまた大勢にもどった。彼（女）らを対象とした東南アジア系の屋台も数台現れ，年が変わった深夜も賑わっている。

（3）春節（2月5日）

　駅周辺に喫煙する東南アジアの男性たちが多くいる。写真44はその様子を示している。また，昼間から座してウィスキーを飲むグループもいる。この日はインドネシア人女性たちの姿は少なく，大ホールや駅の構内に座している者は通常の休日より少ないが，駅の構外に男性たちが多くいる理由は喫煙のためである。台湾では建物内での喫煙は禁じられていることが多い。駅構内の店やレストランは18:00で終了し，電気が消えたため暗くなったが，そこにいる東南アジアの男性たちは増えつつある。

写真 41　台北駅構外で行われるイスラム教イベント

写真 42　イスラム教イベントで設置されたテント内

写真 43　大晦日の夜の台北駅

写真 44　春節の台北駅構外

3．北平西路

2018年11月16日（金）・18日（日），12月9日（日）・29日（土）・30（日）・31日（月），2019年1月1日（火），2月4日（月）・10日（日）のランダムな時間帯に，計73分間の参与観察を行った。北平西路は台北駅から道路を1つ挟んだ通りで，平日はたくさんある食堂は1軒を除いて閉まっていて，開いている食堂にも客はほとんど来ないが，休日になるとインドネシア人を中心とする東南アジアの人々で賑わう。写真45はこの通りの様子を示している。食堂の中にカラオケがあり，若いインドネシア人女性の歌声が通りにも聞こえてくるような，休日にだけ賑やかになる通りである。

4．台北行旅広場

2018年6月15日（金）の6:30〜8:00（90分間）に参与観察を行った。この日はイスラム教徒の断食（ラマダン）明けの朝のお祈りが台北駅のすぐ側にある台北行旅広場で行われた。小雨が降っていたが，多くのインドネシア人が集まった。人数は圧倒的に男性よりも女性の方が多い。広場の前の方には男性が座し，その後ろに女性が座す。写真46は，この様子を示している。

会場を整備する人が数名いるが，参加者たちのマナーは良く，大人数のわりには静かで和やかな雰囲気である。始まりの時間を過ぎても，遅れて参加する者が多い。特に，男性には遅刻者が多いが，彼らが座す場所は空けてあるので，遅れてきても座す場所はある。お祈りが始まると，皆スマホをしまい，お祈りに集中する。すぐ側のバス停では，台湾人の日常がある。バスを待っている人たちは，イスラム教の儀式に対し特に興味を示しているようではない。写真47は，この様子を示している。お祈りが終わると，混乱なく退席した。

5．大安森林公園

2018年6月17日（日）の13:05〜15:05（120分間）に参与観察を行った。この日はイスラム教徒の断食明けのお祭りのようなイベントが大安森林公園で行われ，多くのインドネシア人を中心とする東南アジアの人々で賑わった。雨の予報であったが，晴れ時々曇りで，夕方に近づくにつれさらに人が増え

写真 45　休日の通り

写真 46　断食明けのお祈り

写真47　側にあるバス停

写真48　老人の介護をしつつ友人たちと楽しむ

てきた。イスラム教徒の服装ではない東南アジアの人々も多い。イスラム教徒とそれ以外の人による混合のグループは少ない。老人の介護をしつつ友人たちと楽しんでいる者もいる。写真48は、その様子を示している。公園内に設置されたメインステージでは音楽イベントが行われ、周辺は大勢の人たちで混雑していたが、割り込む者はおらず窮屈感はない。マナーが良く、ゴミのポイ捨ても見られない（現地で配布していたチラシが少し落ちていた程度）。

　この公園のすぐ側にはモスク（イスラム教の礼拝堂）があり、そこにも人が集まっている。写真49は、その様子を示している。ここにいるのはマレーシアからのイスラム教徒ばかりで、インドネシアからのイスラム教徒はあまり見かけない。同じイスラム教徒であっても、インドネシア人とマレーシア人の間にはすみ分けができているのである。インドネシア人たちの宗教イベントは通常、台北駅構外の広場で行われる。

　また、この公園の隅にはバスケットボールやサッカーなど、地元の子供たちがスポーツを楽しむための場所がある。東南アジアの人々が多く集まるこの日も、地元の子供たちはいつものように友人たちとスポーツを楽しんでいる。写真50は、その様子を示している。東南アジアからのイスラム教徒たちの姿も、もはや日常の風景となっている。

6．中山北路三段

　2018年7月2日（月）、10月10日（水・祭日）・21日（日）、12月23日（日）・24日（月）・25日（火）、2月5日（火）のランダムな時間帯に、計6時間ほどの参与観察を行った。この通りにはフィリピン人が多く属す教会や、フィリピンの食堂・スーパーなどが多くあり、休日やクリスマスにフィリピン人たちで賑わう。写真51は、その様子を示している。

　フィリピン人用のデパートのような建物がこの通りにあり、その中は食堂に加え、衣類、オモチャ、スマホなどを販売する店が多く、またヘアーサロンもいくつかある。8～9割は女性客である。クリスマスの前後はサンタハットを被る女性店員が多く、明るい。また、違う店の店員同士や店員と客の関係は近く、家族的な雰囲気である。写真52はこの建物の外観を示し、写真53はその中の様子を示している。

　この通りにある教会にクリスマスに訪れた。信者以外の者も自由に出入り

写真49　側にあるモスク

写真50　公園の片隅で遊ぶ地元の子供たち

写真 51　フィリピン人街

写真 52　デパートの外観

写真 53　クリスマス時のデパート内

ができ，記念撮影をする者が多い。介護している障害のある現地の若者を車いすに座らせていっしょに現れるフィリピン人女性もいる。カップルも少数だがいる。クリスマスのサービスが 20:00 から約 1 時間にわたって行われ，中に入りきれないほど多くの人が集まった。その大多数はフィリピン人で，台湾人や西洋人が少しだけ見られた。サービスは英語とタガログ語の両言語で順に行われた。写真 54 はサービスが終わった直後の様子を示し，写真 55 は教会内で記念撮影をする様子を示す。終了後，側にあるスーパーの前で焼きビーフンが無料で振る舞われた。

写真 54　サービスが終わった直後の教会内

写真 55　教会で記念撮影をする

第7章

台湾北部・東北部・東部にある
異文化コミュニティ

　東南アジアから台湾へ働くために来た人たちは，台湾全域に存在する。そこで，彼（女）らが週末や休日によく集まる場所，すなわち「異文化コミュニティ」（東南アジアの食堂やスーパー，さらに主要駅周辺や近くの公園，宗教施設など）に焦点を当て，調査のために訪れた。台湾の北部（特に，新北市と桃園市）には工場が多いため，東南アジアからの人々がもっとも多く住む地域である。この辺りの駅では，週末に多くの東南アジアの人々が集まって，友人たちといっしょに時間を過ごす。花蓮や台東のような東南アジアからの居住者がそれほど多くない地域では，東南アジア系の食堂やスーパーは点在していて異文化コミュニティとしての存在感は薄い。この章では台湾の北部・東北部・東部にある異文化コミュニティで行った参与観察の結果，明らかになったことを述べる。

1．新北市市民広場

　2018年9月30日（日）の13:40〜16:00と，10月28日（日）の13:50〜14:05に，計155分間の参与観察を行った。この広場にはイベントがあるときだけ東南アジアの人々が集まり，9月30日はインドネシアから有名な歌手を招き，無料で野外コンサートを開いていた日である。写真56〜57はその様子を示している。非常に多くの人が集まったが，地元の人の姿はそれほど見られなかった。その日は，広場の周りに市の職員たちが労働相談などのテントブースを設置し，集まった東南アジアの人々に積極的にアプローチしていた。

写真 56　インドネシア人歌手を招いての野外コンサート

写真 57　野外コンサートで盛りあがる聴衆

2．華新街（南洋観光美食街）
（ホワシン）

　2018 年 10 月 21 日（日）の 14:00〜14:25（25 分間）に参与観察を行った。この通りはミャンマー人街とも呼ばれ，多くのミャンマーの食堂がある。東南アジアから働くために来た人々が集まる一般的な異文化コミュニティとは異なり，ここは軍事政権下のミャンマー（ビルマ）にいた華僑が台湾に避難して来て形成したコミュニティである。食堂にはお年寄りだけのグループや家族のグループが多く見られる。写真 58〜59 はこの通りの様子を示している。

3．樹林駅周辺
（シューリン）

　2018 年 12 月 16 日（日）の 15:50〜17:10（80 分間）に参与観察を行った。駅の周辺には東南アジア系の食堂やスーパーがいくつかあり，東南アジアの人々がいる。写真 60〜61 はその様子を示している。原付スクーターや電動自転車に乗った東南アジアの人も見られた。

4．桃園駅周辺

　2018 年 9 月 16 日（日）の 14:45〜16:15 と 17:14〜17:44，10 月 28 日（日）の 15:43〜16:15 に，計 152 分間の参与観察を行った。駅前では偶然，東南アジアからの労働者を対象にしたダンス大会が行われていた。写真 62 はその様子を示している。駅の裏側は東南アジア系の店や食堂が多く，歩いている東南アジアの人も多く見られた。写真 63〜64 はその様子を示している。

　駅の近くにある新住民センターを訪れ，職員に話を聞いた[1]。最近の若い世代の東南アジアからの労働者は，台湾に来てからタトゥーを入れたり，休みの日に楽しんだりしている者が増えてきているとのことである。また，台湾人男性との結婚で来たベトナム人女性の中には，国籍を手に入れた後，すぐに離婚し，台湾で働くベトナム人男性と再婚する者がいるとのことであった。

5．中壢駅周辺
（ジョンリー）

　2018 年 9 月 16 日（日）の 18:04〜18:36，10 月 28 日（日）の 14:43〜15:30

写真 58　ミャンマー食堂街

写真 59　ミャンマー食堂で食事をする人たち

写真60　東南アジア系の食堂

写真61　東南アジア系の店や食堂が集まっている

写真 62　東南アジアから来た労働者対象のダンス大会

写真 63　東南アジア系の店や食堂が集まっている

写真 64　駅周辺

写真 65　夕暮れ時の駅周辺

に，計 79 分間の参与観察を行った。この辺りはもっとも多くの東南アジアの人々が居住している地域であり，訪れたときには桃園駅と中壢駅間の電車の乗客の半分以上が東南アジアの人々であった。駅の前には多くの東南アジアの人が座していて，写真 65 はその様子を示している。周辺には東南アジア系の店や食堂が多く，友人とショッピングを楽しむ東南アジアの人々の姿が多く見られる。

６．新竹駅周辺

2019 年 2 月 24 日（日）の 16:38〜18:30（112 分間）に参与観察を行った。駅周辺には東南アジア系の店や食堂が多くあり，小雨が降っている中，東南アジアの人々の姿が多く見られた。屋根のある歩道に座して友人とくつろぐインドネシア人女性のグループが見られ，写真 66 はその様子を示している。

７．基隆

2019 年 8 月 25 日（日）の 12:53〜14:10（77 分間）に参与観察を行った [2]。駅の南口前にインドネシア食堂が 1 つだけある。東南アジア系の店や食堂などは駅周辺の繁華街にはなく，少し離れた所にまとまってあり，写真 67 はその様子を示している。日曜日の昼時であったが，食堂の中にはほとんど客がいない。街で歩いている東南アジアの人はあまり見られない。基隆駅から台北駅は電車で 1 時間かからない距離のため，おそらく，休日には台北駅などの同胞が多く集まる所に行く者が多いと推測される。

８．南方澳

2019 年 3 月 17 日（日）の 15:00〜16:20（80 分間）に参与観察を行った。南方澳（漁港）には多くのインドネシア人男性が日曜日にもかかわらず働いている姿が見られ，写真 68 はその様子を示している。また，漁港には小さなモスク（イスラム教の礼拝堂）があり，中からお祈りの音楽が聞こえた。写真 69 はそのモスクの外観を示している。街では，自転車に乗ったインドネシア人男性を多く見かける。

写真 66　道端に座して友人とくつろぐ

写真 67　東南アジア系の店や食堂が集まっている

写真68　漁師として働くインドネシア人男性たち

写真69　漁港にあるモスク

写真 70　原住民料理を集めた夜市

9．花蓮

　2019 年 2 月 28 日（木）～3 月 4 日（月）のランダムな時間帯に，計 10 時間ほどの参与観察を行った。花蓮は観光地であり，台湾中から多くの観光客が集まる場所である。また，原住民が多く住む地域でもあるため，原住民料理を集めた夜市があり，写真 70 はその様子を示している。

　街を歩くと東南アジアの人を見かけるが，それほど多くはない。台湾の食堂や屋台で働くベトナム人女性やフィリピン人女性をよく見かける。モスクがあり，その周辺にはインドネシアの店や食堂がある。写真 71 は，そのモスクの外観を示している。フィリピンの店にはフィリピン人の客が集まっている。車いすを押すインドネシア人女性の姿が花蓮駅近くで見られたが，段差の多い歩道を避け車道の隅を歩いていて，危なく見える。写真 72 はその様子を示している。

写真 71　モスク

写真 72　車道の端を車いすを押して歩くインドネシア人女性

写真 73　東南アジアからの労働者を対象としたイベントのポスター

写真 74　インドネシアのスーパーの店主（左側）と友人

10. 台東

　2019 年 2 月 27 日（水）・28 日（木）のランダムな時間帯に，計 5 時間ほどの参与観察を行った。街にはいくつかの東南アジア系の店や食堂を見かけたが，平日のためか中に客はいない。インドネシアの店にいるインドネシア人女性に話を聞いた[3]。この辺りにいるインドネシア人女性は，台湾人男性との婚姻により来台した，いわゆる新住民が多いとのことである。この店の外側のガラスと中にはインドネシア人をはじめ東南アジアから来た人々向けのイベントの開催を知らせるポスターが貼ってあり，彼（女）らへのサポートを積極的に行っているとのことである。写真 73 はそのポスターであり，写真 74 はここの店主と友人である。

第8章

台湾中部にある異文化コミュニティ

　台中には東南アジアの人々（特に，ベトナム人とタイ人）を対象とした食堂，スーパー，衣服店，携帯電話ショップ，カラオケバーなどによって成り立つ大きなショッピング・プラザがあり，その周辺にも東南アジア系の店が多いといった巨大な異文化コミュニティが構築されており，休日にはその周辺の都市から集まった多くの東南アジアの人々で賑わっている。また，台中公園では台北駅構外と同様に定期的にインドネシア人を対象としたイスラム教のイベントが行われている。この章では台中を中心に，台湾中部にあるいくつかの異文化コミュニティ（彰化駅周辺，苗栗駅周辺，南投）で行った参与観察の結果，明らかになったことを述べる。

1．台中

　2018年10月31日（水），11月4日（日）・5日（月）・10日（土）・11日（日）・12日（月）・18日（日），2019年2月6日（水）・7日（木）・24日（日）のランダムな時間帯に，計26時間ほどの参与観察を行った。この地域では東協広場を中心とした，広範囲にわたっての異文化コミュニティが成り立っている。その中でも，駅前広場，東協広場，東協広場周辺の飲食店街，緑川周辺，そして台中公園に焦点を当てた。

（1）駅前広場

　仕事が休みになる週末や休日になると，多くの東南アジアの人々が現れる。日中は通行人が多いためベンチや広場の隅に座っているが，夜になって通行人が減ると，至る所に座っている東南アジアの人々のグループが目立つ。そ

の多くはベトナム人とタイ人の男性であり，喫煙している者も多い。写真75
は日中の様子を，写真76は夜の様子を示している。

（2）東協広場

　ここはデパートのような建物を中心とする東南アジア系ショッピング・プラ
ザであり，写真77はこの建物の外観を示している。建物は老朽化が進み，
痛んでいる箇所も多い。エスカレーターは改修中で，エレベーターは階を押
すボタンが壊れている箇所もある。平日は建物内の食堂の多くは閉じて閑散
としているが，休日になると多くのベトナム人やタイ人で賑わい，スーパーや
携帯電話ショップは混み合い，カラオケのあるいくつかの食堂からは歌声が
響き渡っている。写真78〜79はその様子を示している。

　建物内では昼間からビールやウィスキーなどを飲んで盛り上がっているグ
ループも多く見られ，禁止されているはずの建物内での喫煙もよく見られる。
また，建物前の広場でも週末は多くの人が集まり，座しているグループもいる。
写真80はその様子を示している。中には日中から酒を飲んでいたり，ギタ
ー演奏に合わせ盛り上がったりしているグループもいる。ここでも喫煙は禁
止されているが，皆当たり前のように喫煙している。

　この建物の3階には外国人労働者への生活サポートセンター（国際移工生
活照顧服務中心）が設置されており，そこの職員の男性に話を聞いた[1]。この
建物はもともとヤクザが管理し，ドラッグの温床であったが，その後建物内
に政府機関が入るなど，状況改善のための対策をしてきたとのことである。
また，銃による犯罪はないが，ナイフを使用したケンカなどはあるとのことで，
ケンカの原因の多くは女性問題とのことである。

　状況改善の試みとして，この不健康な場所においてタイ人による健康的な
ファミリーイベントを行う様子が見られた。イベントのスタッフの若い男性に
話を聞いたところ[2]，地元の大学生をはじめとしたいくつかの団体が協力して，
このようなイベントを支えているとのことである。写真81はこのイベントの
様子を示している。しかし，イベントの周囲では多くのグループが座し，タ
バコの匂いで溢れている。さらに，この場にいる多くの東南アジアの人は興
味を示しておらず，状況改善の難しさが垣間見られた。

　筆者が利用した駅側のホテルのフロントで働く女性に東協広場についての

写真 75　日中の駅前広場

写真 76　夜の駅前広場

写真 77　東協広場の外観

写真 78　建物内の携帯電話ショップ

写真 79　建物内の食堂

写真 80　建物前の広場

写真 81　タイの家族イベント

写真 82　ベトナム食堂

写真 83　タイの雑貨店

話を聞いた[3]。その女性によると，地元の人はあまり東協広場の付近には近づかないとのことで，その理由はこれといった用がないためとのことである。ただ，建物の8階にあるカラオケは安いので地元の人も利用するが，夜は女性だけで行くと周囲の男性たちにジロジロ見られて怖いとのことである。多文化共生への課題が多い異文化コミュニティと言える。

(3) 東協広場周辺の飲食店街

　この辺りにはベトナムとタイを中心に，多くの東南アジア系の店や食堂があり，休日には多くの人々で混雑する。写真82〜83はその様子を示している。歩道で中古のスマホを並べて販売している東南アジアの人がいる。日曜日の夜には歩道にゴミが散乱している箇所も見られるが，月曜日の朝に清掃を行うため，昼までには散乱していたゴミは無くなっている。

（4）緑川周辺

　東協広場の手前に流れる小さな川の辺りには，週末や休みになると多くの東南アジアの人々が現れる。特に土曜日は深夜まで，多くの人で溢れているときもある。写真84〜85はその様子を示している。ここでも，ギターを演奏し友人と騒いでいるグループも見られるが，多くは会話を楽しみながらゆっくりとくつろいでいる。

（5）台中公園

　平日は地元のお年寄りや夕暮れに家族連れが散歩するような公園であるが，週末や休日は多くの東南アジアの人々で賑わい，景色が一転する。またこの公園に集まる東南アジアの人々の間にも，公園内と公園外にいる者ではややギャップが見られる。公園内には普通にくつろぎながら友人や恋人との会話を楽しむ人が多く，写真86〜87はその様子を示している。それに対し，公園の外側（周辺）には座して喫煙しながら缶ビールを飲むグループが見られる。そのギャップの主な理由は，公園内は禁煙・禁酒だからである。

　時々，公園内にも喫煙しながら歩いている東南アジアの若い男性を見かける。地元の中年の男性が，「Do not smoke in the park!」と英語で注意したが，そのまま歩き去ったところを一度目にした。公園内での喫煙などの禁止行為を取り締まるため，台中市政府衛生局と労工局，そして警官がチームで巡回している様子を見かけた。地域のルールを守ってもらうことも，多文化共生を実現する際の難しい課題の1つである。

２．彰化駅周辺

　2019年2月23日（土）の18:58〜20:10と，24日（日）の12:35〜13:30に，計127分間の参与観察を行った。駅の側にインドネシア食堂とベトナム食堂，東南アジア系スーパー，さらにベトナム人の床屋がある。写真88はインドネシア食堂の前の様子を示している。街では電動自転車に乗っている東南アジアの人をよく見かける。駅を利用する東南アジアの人は多く，列に並ばず乗り込むところを見かけた。また，車内では大きな声で話し目立っていて，酔った東南アジアの若者が博愛座（Priority Seats）に座り眠り始める。ちなみに台湾では，若者が博愛座に座っている場面はあまり見ない。

写真 84　日中の緑川周辺

写真 85　夜の緑川周辺

写真 86　友人たちとくつろいでいる

写真 87　手漕ぎボートに乗るインドネシア人

写真 88　インドネシア食堂の前

3．苗栗駅周辺

2019 年 2 月 24 日（日）の 14:35〜16:00（85 分間）に参与観察を行った。駅前に東南アジア系スーパーとインドネシア食堂があり，中には少し客がいる。写真 89 は駅で電車を待つ，インドネシア人女性たちの様子を示したものである。

4．南投

2019 年 2 月 23 日(土) の 17:17〜18:17（60 分間）に参与観察を行った。大きな病院の周辺には東南アジア系の食堂がある。病院内でお年寄りの介護をする東南アジアからの女性が利用すると考えられる。利用したタクシーの運転手に話を聞いたところ [4]，この街では東南アジアからの労働者が主な客であり，給料日の直後は羽振りが良く，タクシーを利用して台中へ出かけるが，徐々に利用者がいなくなるとのことである。また，南投で東南アジアの人々がよく集まる所を案内してもらい，写真 90 はそこの様子を示している。

写真 89　電車を待つインドネシア人女性

写真 90　東南アジア系の店

第9章

台湾南部にある異文化コミュニティ

　台南と高雄には多くの東南アジアから来た人々が働いているため，食堂やスーパーがまとまった箇所に存在し，異文化コミュニティとしての存在感が際立っている。東港は黒マグロの水揚げで有名な漁港であり，漁師として働く多くのインドネシア人男性がいる。南方澳と同様ここにもモスクがあり，日曜日にお祈りをしに集まる。この章では台南と高雄を中心に，東港と屏東も加え，それらの地域にある異文化コミュニティで行った参与観察の結果，明らかになったことを述べる。

1．台南

　2018年11月24日（土）・25日（日）・26日（月），2019年2月16日（土）・17日（日）のランダムな時間帯に，計9時間ほどの参与観察を行った。「台南を知らずして台湾を語るべからず」と台湾の人たちからよく聞かれるように，台湾の多数派である閩南人にとっての古き良き伝統が残るとされ，ホスピタリティ溢れる土地柄である。したがって，外から新しく入ってきたヒトやモノへ対するホスト文化の吸収力のような力強さが感じられる。そうした中，東南アジアから新たに来た人々はどのように生活しているのかは，多文化共生の観点からも興味深い。

（1）台南駅前

　東南アジアの人々は週末の日中から見られ，夜に向け数は増えていく。通路に座しているグループも見られ，写真91はその様子を示している。地元のお年寄りも座して会話している姿がある。夜になると，ギターの演奏で盛

り上がるグループも見られるが，喫煙・飲酒はしていない。

（2）スーパー

大きな東南アジア系スーパーがあり，写真 92 はその外観を示している。週末の違う時間帯に何度か訪れるも，店内には客があまり見られない。店内には電動自転車が陳列販売されている。これは日本の電動自転車とは異なり人力なしに動く電動スクーターであるが，今のところ自転車扱いのため免許やヘルメット使用が求められず，東南アジアの人々に人気で，台湾全域で彼（女）らが乗っている姿が見られる。価格は，日本円で 1 台 66,000 円ほどである。

（3）国賓大楼

この建物は台南駅の右斜め前方にそそり立ち，主に低料金のホテルが中に入っているのであるが，1 階の狭い通路には東南アジア系の店や食堂があり，また衣服販売なども行われ，多くの東南アジアの人々が集まる。写真 93 はこの建物の外観を示し，写真 94 は食堂などのある通路の様子を示している。日曜日の食堂は多くのグループで混んでいるが，喫煙している者は見られず，マナーは良い。

（4）西華街・富北街

これら 2 つの通りには，東南アジア系の食堂が散在していて，週末に多くの東南アジアの人々を見かける。写真 95 はその様子を示している。富北街にはキリスト教会がある。日中，道端にいた東南アジアの若い男性 4 名のグループに，地元の中年の男性が何やら笑顔で話しかけている様子が見られる。夕方になると，カラオケのある食堂から歌声が聞こえてくる。また，歩道でギターの演奏で歌うグループが見られ，写真 96 はその様子を示している。

（5）台南公園

平日は地元のお年寄りが集う公園だが，週末になると東南アジアの人々が多く現れ，友人や恋人と時間を過ごす場になる。写真 97 はその様子を示している。地元の家族連れや犬の散歩をしている人も多く見られ，現在のとこ

写真 91　台南駅前で座す

写真 92　東南アジア系スーパーの外観

写真93　国賓大楼の外観

写真94　1階にある食堂街

写真95　東南アジア系の店や食堂が集まっている

写真96　夕方に歩道でギターを演奏し盛り上がっている

写真 97　友人とくつろいでいる

写真 98　カラオケで盛り上がっている

ろうまく調和している。バーベキューをして楽しむタイ人のグループが見られる。また，カラオケを楽しむグループも見られ，写真98はその様子を示している。

　気になる現象も確認された。公園内で電動自転車に乗る東南アジアの人たちが多く見られ，違法ではないが無音でスピードが出るため，背後から気づかずに接近して来ることもあり，歩行者にとっては危ない。また，公園内は照明設備があまりないため，夜になると暗く人もあまりいない中，禁止されている喫煙をする東南アジアの男性のグループが見られる。調和のとれた多文化共生の観点からは要注意である。

2．高雄

　2018年12月1日（土）・2日（日）・3日（月），2019年3月9日（土）のランダムな時間帯に，計7時間ほどの参与観察を行った。高雄は工業都市であり，貿易港でもある。そのため，ここで働く東南アジアの人々も多いが，彼（女）らが休日に集まる異文化コミュニティは一箇所に集中しているわけではなく，散在している。また高雄には大きなモスク（高雄清真寺）があるが，筆者が訪れたときには誰もいなかったためここでは省略する。

（1）八徳一路・南華路・建国二路
　これら3つの通りには多くの東南アジア系の食堂やスーパーがあり，週末や休日には多くの人で賑わう。写真99はその様子を示している。スーパーの1つは，1階がタイ・ベトナムで，2階がフィリピン・インドネシアというように分けている。南華路にはカラオケバーがあり，写真100はその様子を示している。土曜日の夜には多くの人が集まり，遅くまで賑わっている。側の橋の上にも多くの東南アジアの男性が見られ，彼らが利用するのを待つ多くのタクシーも見られる。写真101はその様子を示している。

（2）徳賢路
　この通りの周辺には多くの工場があり，そこで働く東南アジアの人たちが週末になると食事やショッピングに現れる。しかし，この辺りには東南アジア系の店や食堂は少なく，彼（女）らも地元の店や食堂を利用する姿が見ら

写真99　東南アジア系の店や食堂が集まっている

写真100　カラオケバー店の前の歩道

写真101　カラオケバー近くにある橋の上

写真102　自転車に乗る東南アジアの女性

写真 103　友人とくつろいでいる

れる。また，自転車やバイクに乗ってショッピングに来た東南アジアの人た
ちが多く見られる。写真 102 は自転車に乗る東南アジアの女性を示している。
ヘルメットを被り自転車に乗る女性の姿も時折見られ，これはこの地域特有
の現象である[1]。

（3）中央公園
　休日の日中，多くの市民がいる中で東南アジアの人たちも友人とくつろいで
いる。写真 103 はその様子を示している。喫煙している者もおらず，地元の
人との調和もとれた異文化コミュニティである。

3．東港

　2019 年 3 月 10 日（日）の 12:22〜13:48（86 分間）に参与観察を行った。
漁師として働くインドネシア人男性が自転車に乗った姿が多く見られる。モス
ク（東港清真寺）の入り口周辺には多くの自転車とサンダルがあり，写真 104

写真 104　モスクの外観

写真 105　モスクの前には道教のお寺がある

写真106　電動自転車に乗る東南アジアの人

写真107　友人とくつろいでいる

はその様子を示している。次々に自転車で男性がやって来て中に入っていく。
このモスクの手前には道教のお寺があり，写真 105 はその様子を示している。
多文化共生とは言え，珍しい光景である。

4．屏東

　2019 年 3 月 10 日（日）の 14:24〜14:54（30 分間）に参与観察を行った。屏
東駅前の通りには東南アジア系の店と食堂があり，中に客もいる。街には電
動自転車に乗っている東南アジアの人たちがよく見られ，写真 106 はその様
子を示している。駅から近くにある屏東公園にも，地元の人たちと共に東南
アジアの人たちの姿が見られ，写真 107 はその様子を示している。

第 10 章

まとめ：台湾における多文化共生

　台湾における多文化共生について，2つの視点から考察する。1つは，台湾の移民や外国による統治の歴史に関した時間軸（過去〜現在〜未来）に基づいた視点である。そしてもう1つは，第5章から述べてきた台湾各地における東南アジアから来た人々による異文化コミュニティ形成の実態を調査したフィールドワークに基づいた視点である。これら2つの視点から多文化共生を考察する目的は，異文化からの移住によって必要とされる多文化共生は，ホスト文化の伝統に基づく価値観が大きく影響するため，台湾という独特なホスト文化を考慮しつつ多文化共生を理解することが重要だからである。

1．時間軸（過去〜現在〜未来）に基づく考察

　台湾はもともと台湾原住民と呼ばれるオーストロネシア語族が住む島であったが，16世紀後半になると，漢人や倭寇が移り住み始め，17世紀になるとオランダとスペインがやって来て部分的に領有した[1]。その後，オランダはスペインを駆逐し，台湾の植民地としての統治が始まった。そして，プランテーションを行うために福建省などの沿岸部から労働力を連れてきたのだが，1662年には鄭成功によって台湾から追いやられ，鄭氏による統治が始まった。しかし，鄭氏も1683年には清朝に帰順し，台湾は清朝の統治下に置かれた。このとき，多くの漢人が台湾に移住した。そして日清戦争の結果，日本の統治下に入り多くの日本人が移住したが，日本の敗戦により放棄され，清朝の次に成立した中華民国の所属となり，その後中国共産党との内戦に敗れた中国国民党が中華民国を引き連れて台湾に撤退し，その際多くの漢人が台湾に移り住んだ。写真108はオランダ統治時代以来の異文化が融合

写真 108　台南にある赤嵌楼

した建物である台南にある赤嵌楼の外観である。

　以上，台湾の歴史を簡単に述べてきたが，ここからもわかるように台湾は常に異文化からの影響を受け，また海外からの移住者によって形成されてきたため，台湾における多文化共生を考えるとき，この成り立ちに関する視点が重要となる。要するに，台湾の人々は歴史的に異文化・異民族との交流経験が豊富であるということであり，また多文化共生を現実として受け入れることにより生き延びてきたのである。したがって，異文化・異民族との交流経験が歴史的に少ない日本に比べ不確実性である異文化に対しての回避傾向は低く[2]，現在の積極的な新住民（主に中国や東南アジアからの花嫁）や移工（主に東南アジアからの労働者）の受け入れを可能としているのである。東南アジアの人々との共生は，台湾政府が新南向政策[3]を推進し続ける限り，今後も重要な課題となる。

２．フィールドワークに基づく考察

　東南アジアからの労働者受け入れによって起こる異文化に関する現象の多くは休日に現れるため，休日にあまり外出しない人はそうした現象に気づかないかもしれない。休日に現れる異文化に関する現象の中でも，台北駅構内にある大ホールでの現象については，テレビや新聞で報道されたことがあるため，その認知度は高い。インドネシア人をはじめとする多くの東南アジアの人たちが集まり座して場所を占領することに対し，当初は地元の人や駅の利用者からの不満があった。しかし，それが今日では当たり前の休日の風景となり，長期休みになると地元の若者たちも友人や恋人と来て座して時間を過ごすなど，問題視されなくなっている。

　その理由として，彼（女）らの多くは地元の若者が敬遠する職を担うために台湾に来ていることと，彼（女）らの決して恵まれているとは言い難い境遇に対する地元の人たちからの理解がまず挙げられる。また，イベント開催時に座すことを禁じた区域の設置などのルール設定に，彼（女）らが素直に従ったことも挙げられる。もし，そのルール設定に従わず強制排除されていたら，深刻な異文化摩擦が生じていたかもしれない。互いが歩み寄った結果，台北駅構内大ホールでは多文化共生が成立し，その中身は「文化の違いにとらわれず，ただ同じ空間で生きるための活動（食べる，話す，楽しむ，寝る，買う，売るなど）を行うこと」と言える。

　東南アジアからの人たちが集まる異文化コミュニティの傾向として，健康的にのんびりと休日を過ごしたい者たちが集まるものと，飲酒や喫煙をしながら賑やかに休日を過ごしたい者たちが集まるものという２つのタイプに分かれていることが指摘できる。台湾にある多くの異文化コミュニティは前者のようなタイプで，そこでは地元の人たちとの１つのコミュニティとしての共生，すなわち多文化共生が成立しているが，全体の１～２割程度の後者のようなタイプの異文化コミュニティでは地元の人たちに避けられるため，多文化共生は成立していない。

　多文化共生が成立していない異文化コミュニティの代表格として，台中の東協広場が挙げられる。ここでは地域の文化とは切り離された独自の異文化コミュニティが経済的にも成立しており，地域のルールやマナーが無視さ

れがちである。地元の人たちによるその異文化コミュニティの改善のための
介入も見られたが，一度成立したものを平和的に変えるのは一筋縄ではいか
ない様子が窺われた。したがって，多文化共生を実現するためには地域の
人たちが関わり難い異文化コミュニティが成立する前の段階での介入が必要
であると言える。

　以上，簡単ではあるが台湾における多文化共生をフィールドワークに基づ
き考察したが，一般的には台湾において東南アジアの人々との多文化共生は
成立している。その主な理由は，多くの台湾の人々の中にある異文化交流の
歴史的経験による気質に加え，1年を通じて温暖な麗しの島特有の陽気な
気質によるところが大きい。筆者も目的地のフィールドへ至る途中，道に迷っ
ていたとき，地元の人から笑顔で声をかけられる経験を何度かした。この，
知らない人へも容易にアプローチできる台湾の人々の気質が，異文化からの
居住者との共生の実現を促進するものであることに疑いはない。

第4部

多文化共生のために必要な能力と
その習得方法

台南成功大学にあるガジュマルの樹

第 11 章

異文化コミュニケーション能力と
多文化共生

　異文化の人とのコミュニケーションで必要な能力としてよく言及されるのは，英語を中心とする外国語能力であることが日本では多い。しかし，コミュニケーション学の観点からすると言語能力はコミュニケーション能力の中の1つであり，その他にも様々なもの[1]がある。これは，日本語を日常的に不自由なく使用する日本人であっても，日本語でのコミュニケーション能力が高いとは限らないことからも明白である。この章では，様々なコミュニケーション能力の中で特に異文化の人とのコミュニケーションの際に重要とされる，マインドフルネスについてまず説明し，次にそのマインドフルネスに基づいた多文化共生について考察する。

1.　異文化コミュニケーション能力：マインドフルネス

　多様な他者 (Stranger) との交流において，その相手に対する不確実性と不安が高くなり過ぎると，誤解が生じやすくなることが報告されており，多様な他者との間に生じやすい誤解をできるだけ少なくするためには，マインドフル (Mindful) になってその不確実性と不安を制御することが必要になる[2]。マインドフルネスには，以下の5つの特徴が指摘されている[3]。

　　①新しいものへのオープンさ (Openness to novelty)
　　②違いへの注意力 (Alertness to distinction)
　　③異なった文脈への感受性 (Sensitivity to different contexts)
　　④異なった見方への気づき

(Implicit, if not explicit, awareness of multiple perspectives)
⑤現在志向（Orientation in the present）

　まず「新しいものへのオープンさ」とは，異文化の人とのコミュニケーションにおいて自分の方法と異なる，新たなコミュニケーションの方法を目にしたとき，それを拒絶するのでなくオープンな態度で接することである。次に「違いへの注意力」とは，異文化の相手の言動を自分の価値観で判断するのでなく，相手の価値観は自分のものと異なるかもしれないという前提に基づき，自分と相手との間に存在する様々な違いに敏感になることである。そして「異なった文脈への感受性」とは，コミュニケーションが行われている状況（例えば，ある文化における電車の中や病院）や相手との地位的関係（例えば，上司や同僚）に注意を払い，自身のコミュニケーションの方法がその文脈にふさわしいのかどうかを感じとることである。さらに「異なった見方への気づき」とは，異文化の相手がもしかすると自分とは違う視点で考えていることに気づくことである。最後に「現在志向」とは，異文化の相手に関するステレオタイプ的な情報や相手との過去の経験などに囚われてコミュニケーションをするのではなく，今，目の前にいる相手に焦点を合わせてその相手を認識しながらコミュニケーションを行うことである。
　もともとマインドフルネスは仏教で使用されている概念であり，悟りへと至る際に妨げとなる執着心からの脱却のために必要な心の持ち方のことである。しかし，対人コミュニケーションにおけるマインドフルネスは，相手の過去の言動など自身が持っている相手の情報や，相手の所属する社会的集団や文化背景などに対し形成されているステレオタイプ，さらには社会に存在する常識などに囚われるのではなく，今，目の前にいるその相手を認識し，相手のあるがままを知ろうとすることにより，相手との間に生じる誤解を減らすことへつなげる手段として扱われている。
　それでは具体例を示して説明を加える。日ごろ大きな声で話すＡと，小さな声で話すＢの会話において，ＡはＢに対し「声の小さな人だなあ」と感じる一方で，ＢはＡに対し「声の大きな人だなあ」と感じるであろう。この地声の大きさの違いが，Ａにとっては「Ｂの声が聞き取りにくく，何を言っているのかわからない」と感じさせ，またＢにとっては「Ａの声が大きすぎて

耳が痛い」と感じさせることになり，結果として互いに対しストレスを感じ，関係の発達を妨げる原因になるかもしれないのである。それでは，このような状況においてマインドフルになるとはどういうことであろうか。

　マインドフルになることでAは，「Bはもともと声の小さな人で，自分を苛立たせるために小さな声で話しているわけではなく，また小さな声で普通に会話を行う人である」と認識することにより，またBは「Aはもともと声の大きな人で，自分の耳を痛くするために大きな声で話しているわけではなく，また大きな声で普通に会話を行う人である」と認識することにより，互いの間に生じうるストレスを軽減することができるのである。さらに，マインドフルになり相手をあるがままに認識することによって，自分のコミュニケーション行動を制御することも可能となり，この場合，Aは通常より声の音量を下げてBと会話することができ，Bは通常より声の音量を上げてAと会話することができるのである。

　上記の例では互いがマインドフルになることにより摩擦を回避できることを説明したが，現実社会においては互いがマインドフルになり歩み寄ることは難しい。それは先に述べたように，マインドフルネスのようなコミュニケーション能力とは自分で身につけて実践するものであり，決して他者に強いるものではないからである。また，マインドフルになることは他者のあるがままを受け入れる態度を持つことであり，もしも他者にマインドフルになることを強いるとすれば，それはもはやマインドフルネスではないのである。

2．持続可能な多文化共生

　海外旅行や留学，またビジネスによる外国人の短期滞在では，多文化共生というイデオロギーが日本のような同質性の高い社会において叫ばれることはない。同質性の高い社会において多文化共生が叫ばれるときは，自国での労働力不足に対処するために海外から多くの労働者を受け入れるときなど，ある程度のまとまった数の外国人の長期滞在が必要になったときである。このような形での長期滞在は，移住を望む側の要望と移動を受け入れる側の要望が一致したときに起こり，その多くは経済的な事情に起因する。

　日本では，1990年に出入国管理法の改正により日系ブラジル人の受け入れが始まり，1993年に技能実習制度の創設によりアジアから多くの人々が日

本に働きに来るようになって以来，外国人が多く居住する地域に多文化共生センターや国際交流協会のような機関が設立され，海外から来た人々が日本社会に適応するためのサポートを開始した。また，改正出入国管理法の成立により，2019 年 4 月からより多くの外国人労働者の受け入れが始まったのは記憶に新しいところである。そうした中，多文化共生についてこれまでよりも真剣に取り組む必要があるのではないか。それは，これまでの多文化共生への取り組みは必ずしもうまくいっていないからである [4]。

　台湾での実態から，東南アジアからの人々との共生を実現し維持するために重要なのは，「郷に入れば郷に従え」を唱えるだけでなく，ホスト文化の人々にとっての「当たり前なこと」と，新たに移住してきた異文化からの人々にとっての「当たり前なこと」にある違いを互いに理解し，法律や地域ルールの範囲内で互いにとって納得がいく妥協点を見つけることであると言える。そこで，多くの外国人を受け入れる前に，ホスト地域の住民でどのような地域社会を築くのか話し合いを行い，そのビジョンを共有しておくことが「持続可能な多文化共生」のためには重要である。ホスト文化側に異文化での生活スタイルやコミュニケーションの受け入れを一方的に強いる，あるいは異文化からの新たな住人にホスト文化側のそれらを一方的に押し付ける形での共生は持続しない。

　多文化共生とは異文化の人々にとっての当たり前な生き方（例えば，食生活，信仰，コミュニケーション行動など）を尊重し，自身とは異なった生き方に対しできる限り歩み寄ることにより，同じ地域で生活する際に生じやすい文化的な摩擦や衝突を避け，異文化間の安定を維持することである。したがって，異文化コミュニケーション能力の中でも特に重要であるマインドフルネスを身につけることが，多文化共生の実現と維持のために必要であると言える。それは，マインドフルになることにより異文化の他者のあるがままを認識し，自身と異なった面があったときには，人間の多様性として理解し受容することが可能となるからである。したがって，マインドフルネスは「異文化の人たちとの共生における安定を保ちつつ共生を持続するために必要な能力」と言える。

　東南アジアの人々を労働力として多く受け入れるのであれば，台湾で見られたように，交通のハブとなる駅の側など便利な所に，空調と無料 Wi-Fi を

完備し，飲食物の持ち込みを自由とし，座してリラックスできる空間を休日に設けることは，親族から離れて暮らし収入も少ない彼（女）らにとって貴重な憩いの場となるため，共生上のメリットは大きい。また，そうした場を提供することは，新しく来た異文化の隣人を孤立させないことにもつながり，安定した共生を維持するためにも有効であるが，2017年に地方自治体を対象に行われた調査[5]によると，日本に居住する外国人に行っている支援の中で，外国人住民コミュニティ形成への支援がもっともできていないとのことである。このような空間は東南アジアからの人々だけの利用に限る必要はなく，地域の日本人もいっしょに利用できるようにし，積極的な異文化交流の場にすることができればより良いものとなる。

　台湾は歴史的に外からの移民によって成り立ってきた背景があるため，異文化に対する受容性はもともと高く，言語やコミュニケーションも日本に比べ多様である。しかし，閩南人と呼ばれる70％ほどを占める人たちを中心に台湾に居住する多くの人々の間には，共通のコミュニケーション，あるいは文化が存在する。それが，第4章で述べた内容である。その中でも，特に不確実性への態度に関する日本人と台湾人の違いが外国人受け入れの際，異なった結果へと導く可能性がある。そのため，東南アジアからの人々という不確実性に対しどの程度積極的に関与しつつ寛容になれるかが，日本における多文化共生の実現と維持において重要な要素となる。

　最後に，多文化共生に基づく社会づくりとは，必ずしも外国人受け入れの際にのみ必要となるものではないことを指摘しておく。グローバル化の影響によって世界のボーダレス化が生じつつ，またスマートフォン技術の発達によるSNSなどのコミュニケーション・ツールの発展が急速度で進む中，日本人の間にも多様な生き方が広がりつつある。そのような今日の日本社会では，相手が日本語を母語とする日本人であるからといって，同じ価値観を共有しているとは限らず，むしろ外国人と同じくらい異なった価値観を有していることもある。そのため，日本社会の安定を持続するためにも，第2章で述べたような，これまでの「無意識的同化主義」から「多元主義」へ，また「類縁型コミュニティ」から「異種型コミュニティ」へとシフトしていく必要が出てきているのである。つまり，外国人の受け入れに加え，日本人の価値観の多様化に対応するためにも，多文化共生が必要とされているのである。

第 12 章

多文化共生のための
異文化トレーニング

　労働力不足を解消する１つの手段として，東南アジアの国々から多くの若者たちを受け入れる政策をとり始めた日本では，台湾で起きている東南アジアからの人々との共生の実態を参考にし，台湾での経験から学ぶことが有効である。しかし，日本人は台湾人に比べ外国人や異文化という不確実性に対する回避傾向が高いため，積極的に近所に住む東南アジアからの人々に関わろうとする個々人の動機は低いことが予測される。そこで，日本人と東南アジアからの人々との間に良い関係を築くためには，行政機関や異文化を扱う研究機関が積極的に関与することが必要である。その関与の仕方の一例として，多文化共生のための異文化トレーニングを開催し，両者の間で交流の場を設けるとともに異文化に対する相互理解を促進することを挙げる。この章では，本書のまとめとして，多文化共生を実現し維持していくために有効な，異文化トレーニングについて説明する。

1. 異文化トレーニング

　市場経済のグローバル化に伴い，異文化トレーニングは海外に派遣される社員を対象として行われることが多い。それらの多くは，「内容的分類（文化一般・文化特定）」と「目的分類（認知レベル・情動レベル・行動レベル）」[1]，そして「方法論的分類（低レベルの参加型・中程度の参加型・高レベルの参加型）」[2] といった３つの分類の中から参加者のニーズに合わせて必要な要素に焦点を当てプログラム構成がなされたものである。例えば海外支店へ赴任する直前の社員に対して行われる異文化トレーニングにおいては，参加者のニーズが現地社員との効果的なコミュニケーション方法の習得にあることが多

いため，「内容的分類」における「文化特定」，「目的分類」における「行動レベル」，「方法論的分類」における「高レベルの参加型」のように的をしぼってプログラム構成が行われる。またこれらのプログラムでは「社内における効果的なコミュニケーション法」など，状況が特定される場合が多い。そのため，その特定された状況において実践的である一方，その他の状況においては同様の効果を期待することはできない。

　従来の異文化トレーニング・プログラムの多くがこのような「状況特定型」で構成されている実際的理由として，プログラム実施における参加者側の時間的な制約が指摘されているが[3]，根本的理由として，人間のコミュニケーション行動において特定の状況に限られずに存在する，「普遍的側面」の考慮に欠くことが考えられる。

2. スキーマ理論に基づいた異文化トレーニング

　筆者はその「普遍的側面」を考慮することが，より実践的な異文化トレーニング・プログラムの作成に必要という考えに基づき，「文化スキーマ理論」が提唱する人間行動における「普遍的側面」に注目し，同理論に基づいた異文化トレーニングの方法を提示した[4]。

　スキーマとは，

　　過去の体験が長期記憶として獲得されたもので，様々な状況や行動ルールについての情報，自分自身や周りの人々についての情報，実際に起こった事柄や様々な物事についての情報，自己が獲得した方略，情動についての知識，さらにこれらの情報や知識の間の関係などを含む組織化された認知構造[5]

のことである。したがって，スキーマは生まれてから現在までの間の体験から得た情報により構成されたものであるため，文化（例えば，日本文化）の構成員同士の間には獲得したスキーマにおいて多くの類似点が見られる。これが文化スキーマである。

　ニシダによると，個人の持つ様々な種類のスキーマの中で，特に次の8つが重要であることが確認されている：(1) 事実／概念スキーマ（富士山は日

本で一番高い山であるなど，一般的事実に基づいた情報を含むスキーマ），(2)
人スキーマ（他者に関する性格などの情報を含むスキーマ），(3) 自己スキーマ
（過去に自身に起こった出来事に関する記憶や，自己アイデンティティ・自己観など
の情報を含むスキーマ），(4) 役割スキーマ（性別などの生物学的役割と会社員
などの社会的役割に基づいた行動や規範に関する情報を含むスキーマ），(5) 状
況スキーマ（自身の置かれた状況を把握するための情報を含むスキーマ），(6) 手
続きスキーマ（自身の置かれた状況において，適切だと思われる順序を踏んで行
動するための情報を含むスキーマ），(7) 方略スキーマ（推理や分類など，自身
が面した問題を解決するための情報を含むスキーマ），(8) 情動スキーマ（自身の
主観に基づいた愛・喜び・悲しみなどの感情に関するスキーマ）[6]。これら8つの
スキーマを合わせて「対人コミュニケーション・スキーマ」と呼び，人間のコ
ミュニケーション行動はこれらのスキーマの相互作用によって引き起こされて
いるのである[7]。

　対人コミュニケーション・スキーマは文化によって異なるため，異文化滞在
者が自文化に滞在していたときと同じように生活するためにはその異文化で
の対人コミュニケーション・スキーマ（異文化スキーマ）を獲得する必要がある
が，異文化スキーマを完全に獲得して意識せずとも行動できるようになるま
でには，そのスキーマに基づいた行動を繰り返す必要があるために時間がか
かる。したがって，短期集中で行われることの多い異文化トレーニングにお
いては，既得のスキーマ（自文化スキーマ）を異文化理解に適用することに対
する限界への意識化に焦点を当てるべきである。それは既得のスキーマの限
界を意識することは，異文化での生活においてそのスキーマの調整，再組
織化，または新たなスキーマを獲得するための重要な足掛かりとなるからで
ある。

　異文化に適応するには，対人コミュニケーション・スキーマに含まれる8つ
のスキーマ（事実／概念スキーマ，人スキーマ，自己スキーマ，役割スキーマ，状
況スキーマ，手続きスキーマ，方略スキーマ，情動スキーマ）の変化に加え，そ
れぞれのスキーマ間の関係についての情報（例えば，ある特定の状況において
必要とされる行動様式）を入力する必要がある。したがって，異文化トレーニ
ングにおいては受け入れ文化を特定し，その文化において誤解しがちな状況
を想定したロールプレイなどを採用し，対人コミュニケーション・スキーマに

おける自文化と異文化の違いを参加者にできるだけ多く認識させるようにすることが必要である。

　異文化の人の行動に関する情報が曖昧な場合には，その情報をさらに完全なものにしようとして，適切なデータを収集するという行動に出る場合（データ推進型）と，欠落している情報に既存の情報をあてはめて理解しようとする場合（スキーマ推進型）がある[8]。初期の異文化滞在者においてはその滞在文化内の対人コミュニケーション・スキーマを獲得していない場合，自文化における対人コミュニケーション・スキーマに従って周りの出来事を理解しようとするスキーマ推進型だと誤解が生じやすいため，意識的にデータ推進型による情報処理を行った方が，誤解なく滞在文化内のコミュニケーションの現象を認識できる可能性が高い。したがって，異文化トレーニングにおいては参加者に情報処理におけるデータ推進型とスキーマ推進型の違いを説明し，異文化においてはデータ推進型の方が効果的であることを理解してもらうことが必要である。そのためには，異文化において起きたコミュニケーションの現象を，自文化における対人コミュニケーション・スキーマを通して理解しようとしたために誤解が生じてしまった具体的事例を多く紹介し，異文化においてはデータ推進型による情報処理が重要であることを認識してもらうことが有効である。また，滞在文化において誤解が生じがちな状況を設定したロールプレイを行い，その中で誤解が確認された際にはどうしてその誤解が生じたのかについてのディスカッションを行い，データ推進型の重要性について確認していくことも有効である。

　異文化滞在の特に初期においては不確実性と不安が高く，また既存のスキーマ（自文化スキーマ）によってその異文化内で起こるコミュニケーションの現象を理解しようとするため，滞在文化の人々との間に誤解が生じる可能性が高くなる。異文化の人とのコミュニケーションにおいて誤解をできるだけ少なくするためには，マインドフルになることにより不確実性と不安を適度に制御することが重要である[9]。したがって，異文化トレーニングにおいては異文化滞在時に体験する，不確実性と不安がどのように自身のコミュニケーション行動へ影響するかに対する認識を促し，それらへの対処法としてのマインドフルネスの理解を深めることが必要である。さらに，不確実性と不安の制御がうまくできずにカルチャーショックあるいはストレスが生じた際，それ

に対処するための効果的なストレス対処法を紹介することも有効である。

3. 東南アジアからの人々との共生のための
異文化トレーニング

　多文化共生のための異文化トレーニングは，滞在国である日本における同化主義と多元主義のありかたや社会の現状を踏まえ，東南アジアからの労働者が日本での社会生活に適応することへのサポートを基本とする。とは言え，東南アジアからの労働者の受け入れを持続するためには，真の意味での多文化共生を実現することが必要であり，日本人側からの彼（女）らの文化への歩み寄りも重要となる。そこで，日本における多文化共生のための異文化トレーニングは，日本で働く東南アジアからの人々と彼（女）らが生活する地域の日本人の同時参加が求められる。

　日本社会へ適応するために必要な情報，すなわち日本人にとっては当たり前とされる事柄を扱うため，日本人参加者にとっては意味がないと考えられがちであるが，実はそうではない。それは，日常的に当たり前のこととして行っていることの多くは，当たり前であるが故に意識化されていないことが多く，そして異文化の間で起こる摩擦の大部分は，意識化されていないこの「当たり前なこと」が原因となって引き起こされるからである。言い換えると，自身が持つ対人コミュニケーション・スキーマにより異文化の人の行動を理解しようとする，スキーマ推進型を進めてしまうことから，文化の違いに基づく誤解が生じるのである。そこで次に，コミュニケーションの文化的な違いにより，日本人と東南アジアの人々との間で誤解を生じやすい行動を4つ指摘する。

(1) 叱り方・叱られ方

　誰かを叱る方法にも文化によって異なる側面がある。例えば，会社で部下が大きなミスをしたという状況において，日本では個別に叱ることに加え他の社員がいる前で叱るのも当たり前のことである。しかし，東南アジアを含め世界中の多くの国々では，他の社員の前で叱ることを避け，個別に叱るのが当たり前のことである。これは世界の多くの人々は日本人よりも自己を重視していることを意味し，たとえ自身に起因する失敗であり上司から叱責され

117

るに値することであったとしても，それにより自身の面子を他の社員の前で
潰されては，その職を続けることは難しくなるからである。さらにベトナムで
は，叱られているときなどの困った状況においてほほ笑むことが知られており，
これは日本人との間に誤解を生じる可能性が高い。したがって，東南アジア
の人々との関係において，この叱り方・叱られ方の違いについては気をつけ
る必要がある。

（2）謝り方

　誰かに謝らなければならない状況において，その方法は文化によって異な
る。例えば，日本では何か自分のミスにより相手や所属している組織に迷惑
をかけたときに，とにかく「すみません」と謝ることが必要で，ミスをした理
由を頭から説明しようとするものなら「言い訳するな」とさらに怒りを買うこ
とにもなり得る。それに対し，東南アジアを含めた多くの日本以外の国で同
様の状況においては，ミスをした理由を客観的に説明することが当たり前な
ことであり，それが謝罪の際には重要とみなされる。日本人と東南アジア系
の中でも特にベトナム人との間でこの謝り方の違いが問題になりそうであり[10]，
謝り方においても違いがあることを理解しておくことが求められる。

（3）時間の感覚

　時間に正確かルーズかといった感覚も文化によって異なる面がある。ホー
ルによると，時間の感覚には人間関係を重視するためスケジュールに沿って
時間を管理することをしない感覚（ポリクロニックタイム）と，スケジュールに
沿って時間を管理する感覚（モノクロニックタイム）の2つがある[11]。それらの
時間の感覚における違いの結果として，ポリクロニックタイムの感覚を持つ者
は時間にルーズになり，モノクロニックタイムの感覚を持つ者は時間に正確に
なるのである。前者は東南アジアやラテンアメリカなどで多く見られ，後者
は欧米や日本などで多く見られる。そのため，日本人と東南アジアの人々と
の間に存在する，この時間の感覚の違いを理解しておくことは重要である。

（4）ルール（規則・規範）に対する考え方

　日本では社会生活におけるルールは多く存在し，それらを守るべきであるという考えが強いが，東南アジアの国々では必ずしもそうではない。このルールに対する考え方の違いは，台湾人と東南アジアからの人々との間でも多く確認された。そのことからも，日本で生活する東南アジアの人々は，多くの日本人が認識している社会や会社内に存在するルールを認識していないことが考えられ，またたとえ認識していたとしても，それらを必ずしも守る必要はないと考えているかもしれない。日本人と東南アジアの人々との間でこのルールに対する考え方における違いで問題になりそうな例を挙げると，寮やアパート内での騒音などのルール，ゴミ捨てのルール，自転車利用時のルール，バスや電車などの公共交通を利用するときのルール，また会社においては仕事に関する細かいルールや，縦社会に基づくコミュニケーションのルールなどである。したがって，まずルールに対する考え方に互いの間に違いがあるかもしれないことを認識することが必要で，さらに異文化の相手がルールに対しどのように考えているのかを理解することが求められる。

　それでは最後に，指摘してきた理論的前提と方法論に基づき，日本における東南アジアの人々との多文化共生のための異文化トレーニング・プログラムの構成例を提示する。対象者は，東南アジアから日本に来て新たに居住する人々と，彼（女）らが働く会社や居住する地域の日本人である。東南アジアの人々と日本人を対象にした異文化トレーニングを別々に行うことも可能だが，両者が同時に参加して行う方がその場で互いの関係の構築につなげることができるため，より効果的である。そこでここでは，東南アジアから日本に来て新たに居住する人々と，彼（女）らが働く会社や居住する地域の日本人がいっしょに参加することを前提としたプログラムの構成例を示す。
　スキーマ理論の観点から異文化トレーニングにおいて必要とされる要素を種類別に4つのステージに区切ってプログラムの構成を行った。ステージ1においては異文化への適応の際多くの者が体験する過程について，文化間に存在する「当たり前なこと」の違いといった観点からの理解を促し，ステージ2においては滞在先の文化で「当たり前なこと」として扱われている情報の伝達・共有を行い，ステージ3においてはロールプレイを行うことにより実際に「当たり前なこと」の違いから生じる「誤解」を体験させ，その「誤

解」を避けるための方法についての理解を促し，ステージ4においては異文化においてよく体験されがちな，不確実性と不安への対処方法を習得させることを目的とする。これら4つのステージにおける内容はどれも必要不可欠であるため，あらゆるプログラム編成において扱われるべきであるが，異なった実施時間によるプログラム編成への対応が必要なときには，各ステージ（特にステージ2とステージ3）で扱う内容量を調節することができる。

ステージ1：「当たり前なこと」を理解する

このステージの目的は，①「当たり前なこと（対人コミュニケーション・スキーマ）」の一般的理解の促進，②「当たり前なこと」は文化によって異なることの理解の促進，そして③既得の「当たり前なこと」を異文化理解に適用することに対する限界への理解の促進である。具体的な内容としては，「当たり前なこと」とはどのようなものなのかといったわかりやすい一般的な説明から入り，世界中の国々にある「当たり前なこと」が他国においてはそうでなくなる例を多く示すことである。例えば，時間の感覚や食事におけるマナー，友人関係のあり方，また家族や会社における男女の役割などにおける文化差がこれに当たる。

次に，自身の持つ「当たり前なこと」は文化特定であることの理解を踏まえ，それでは「当たり前なこと」とはいったいどのようなものなのか，といった導入から対人コミュニケーション・スキーマに含まれる8つのスキーマを説明する。特に文化間で異なることが多い，「役割」・「手続き」・「方略」の3つのスキーマについて，日本での一般的な情報を説明することが必要である。

さらに，情報処理におけるデータ推進型とスキーマ推進型の違いに言及し，異文化において起きたコミュニケーションの現象を，自文化における「当たり前なこと」を通して理解しようとしたために誤解が生じてしまった具体的事例を紹介する。例えば，自身の非を潔く認め，余計な言い訳をしないことを美徳とする価値観を持つ日本人が，自身の立場を明確に説明することを，非を認めることよりも重要とする価値観を持つ異文化の人々との関係において，「言い訳がましい人」といったように否定的に認識しがちであることなどである。

ステージ2：日本社会での「当たり前なこと」を理解する

このステージにおいては，日本において広く共有されている情報である「当

たり前なこと」を理解するために，日本での社会生活に必要な一般的情報
を東南アジア各国での状況と比較しながら供給することを目的とする。例え
ば，気候，食事，ショッピング，自転車，バイク，自動車，バス，電車，安
全性，医療システム，健康保険などに関する情報である。また，日本人の
一般的な人間関係の築き方や，様々な人たち（例えば，会社の上司・同僚や近
所の人）とのコミュニケーションのとり方にも言及する。さらに，先に紹介し
た日本人と東南アジアの人々との間で誤解の原因になりやすいコミュニケーシ
ョンにおける違いである，「叱り方・叱られ方」・「謝り方」・「時間の感覚」・
「ルール（規則・規範）に対する考え方」についても説明する。

　このステージでのポイントは，まず東南アジアからの参加者と日本人参加
者の両方からの発言を促しつつ，これらの情報を提示するときに東南アジア
各国と日本でのあり方を比較しながら違いを浮き出させ，参加者それぞれに
とっての「当たり前なこと」にある違いの認識を広めることである。そして，
日本人側が東南アジアでの「当たり前なこと」を知ろうとする態度を示すこ
とによって，東南アジア各国の人々の日本での「当たり前なこと」に対する理
解を促進することができるのである。

ステージ 3：異文化を疑似体験し，異文化での「当たり前なこと」を理解する

　このステージでは，日本での生活において遭遇しがちな誤解しやすい状況
を設定し，ロールプレイを行いながら，「当たり前なこと」である対人コミュ
ニケーション・スキーマにおける日本人と東南アジア各国の人々の違いを疑
似体験させる。そして，そのロールプレイにおいて互いのコミュニケーション
行動に対する誤解が確認された際には，どうしてその誤解が生じたのかにつ
いてディスカッションを行い，データ推進型による情報処理法の重要性につ
いて認識させることを目的とする。

　基本的にステージ 2 で扱った内容に関したロールプレイを行う。例えば，
寮やアパートにおいてゴミの分別方法や捨て方について近所の日本人との話
し合いの状況や，日本人の上司からの仕事に関する説明が理解できなかった
ときの状況などをロールプレイとして扱うのである。その際，日本人がベトナ
ム人やインドネシア人の役割を演じ，ベトナムやインドネシアの人が日本人の

役割を演じてみることが，異文化での「当たり前のこと」について疑似体験を通じての理解を可能とし，効果的である。

ステージ4: マインドフルネスとストレス対処法を習得する

　このステージの目的は，異文化での生活において体験する，不確実性と不安がどのように自身のコミュニケーション行動へ影響するかに対する理解を促し，またそれらへの対処法を認識させることである。不確実性と不安の過多はコミュニケーションの相手との間に誤解を生じる結果につながりやすいことが報告されているため，異文化の相手との間に生じる誤解をなくす，もしくは少なくするためには，それらを減らさなければならない。そのためには，マインドフルになる必要があるのである。そこで，このステージではまず，マインドフルネスの5つの特徴を基盤に，マインドフルになって異文化の相手とコミュニケーションを行うことの重要性を説明する。

　次に，異文化の相手に対する不確実性と不安の制御がうまくできずにカルチャーショックあるいはストレスが生じた際，それに対処するための効果的なストレス対処法を紹介する。例えば，フォークマンとラザルスによって指摘された，問題焦点型の対処と情動焦点型の対処[12]に基づいた具体的なストレス対処の方法を紹介することができる。問題焦点型の対処には，「情報収集」・「計画立案」・「責任転嫁」・「放棄・諦め」などがあり，情動焦点型の対処には，「カタルシス」・「肯定的解釈」・「気晴らし」・「回避的思考」などがある[13]。また，ストレスを軽減するためには社会的サポート（問題解決のためのアドバイスなど）を受け取ることのできる人間関係を持つことも重要であるため[14]，そうした関係の構築を異文化から来た人と日本人の間で促すことが必要である。

注

第 1 章

1) 師岡淳也 (2011).「第 V 部 レトリック：第 1 章 レトリック研究の源流」『現代日本のコミュニケーション研究：日本コミュニケーション学の足跡と展望』(pp. 190-202) 三修社.

2) Herskovits, M. (1950). *Man and his works*. New York: Knopf. p. 76.

3) Sumner, W. G. (1940). *Folkways*. Boston: Ginn. p. 13.

4) Gudykunst, W. B. (2004). *Bridging differences: Effective intergroup communication* (4th ed.). Thousand Oaks, CA: Sage. p. 362.

5) コンテキスト度とはホールによって提示された概念で,「伝える内容をどの程度ことばで伝えるかの度合い」のことである. コンテキスト度の低いコミュニケーションとは「伝える内容の大部分を言葉で伝えるコミュニケーション」であり, コンテキスト度の高いコミュニケーションとは「伝える内容の大部分がことば以外の文脈 (状況や人間関係) にあるコミュニケーション」のことである.
Hall, E. T. (1976). *Beyond culture*. New York: Doubleday. 邦訳 (1993)『文化を越えて』TBS ブリタニカ.

6) 小川直人 (2008).「スキーマ理論に基づいた異文化トレーニング・プログラムの作成への試み」『国際行動学研究』第 3 巻, 37-48.

7) Allen, M. (Ed.) (2017). *The SAGE encyclopedia of communication research methods*. Thousand Oaks, CA: Sage.

第 2 章

1) Gudykunst, W. B. (2004). *Bridging differences: Effective intergroup communication* (4th ed.). Thousand Oaks, CA: Sage.

2) Kim, Y. Y. (2005). Association and dissociation: A contextual theory of interethnic communication. In W. B. Gudykunst (Ed.), *Theorizing about intercultural communication* (pp. 323-349). Thousand Oaks, CA: Sage.

3) 小川直人 (2016).「日本における同化主義と多元主義～異文化コミュニケーション教育の導入へ向けて～」『平成 27 年度 国際シンポジウム論文集「戦後 70 年と世界構造変化のアジア太平洋地域へのインパクト」』pp. 65-71.

4) Hofstede, G. (2001). *Culture's consequences: Comparing values, behaviors, institutions, and organizations across cultures* (2nd ed.). Thousand Oaks, CA: Sage.

5) 前掲書, 小川, 2016.

6) 例えば, 小川直人 (2011).「養護教諭, 日本人ボランティア, 日系ブラジル人通訳者が捉えたブラジル人児童生徒の異文化適応問題」『ブラジル人生徒と日本人教員の異文化間コミュニケーション』(pp. 145-170) 風間書房.

7) 総務省 (2006).『多文化共生の推進に関する研究会 報告書～地域における多文化

123

共生の推進に向けて〜』p. 5.
8) Friedman, M. (1983). *The confirmation of otherness: In family, community, and society*. New York: Pilgrim Press.
9) 前掲書, Gudykunst, 2004. p. 367.

第3章

1) 樋口靖 (1992).『台湾語会話』東方書店.
2) 赤松美和子・若松大祐 (編著) (2016).『台湾を知るための60章』明石書店.
3) 前掲書, 樋口靖, 1992.
4) 前掲書, 赤松美和子・若松大祐 (編著), 2016.
5) 前掲書, 赤松美和子・若松大祐 (編著), 2016.
6) 前掲書, 赤松美和子・若松大祐 (編著), 2016.
7) 前掲書, 赤松美和子・若松大祐 (編著), 2016.

第4章

1) ここでは, 台湾人としてのアイデンティティを持つ者を「台湾人」とする.
2) 筆者は1998年から2017年まで, 毎年2〜3度は台湾 (主に台北) を訪問した. 1度の滞在期間は5日〜2週間程度である. そして, 2018年3月から2019年3月までの1年間は台湾 (主に台北) に滞在し, 2019年4月から12月の間には, 4日間ほどの滞在で計4度訪問した.
3) 筆者はこれまでに, 台湾で4度結婚式に出席したことがある.
4) Hall, E. T. (1976). *Beyond culture*. New York: Doubleday. 邦訳 (1993)『文化を越えて』TBSブリタニカ.

第5章

1) 本著で使用しているすべての写真は, 筆者が撮影したものである.

第6章

1) 台北地下街に詳しい台湾人男性からの情報に基づく.
2) 筆者の1998年以来の経験に基づく.

第7章

1) 桃園市新住民文化会館の男性職員に対し, 20分ほどのインタビューを行った.
2) 基隆については, 台湾に滞在した1年 (2018年3月〜翌年3月) の間に訪れることができなかったため, 8月に訪問した.
3) 15分ほどのインタビューを行った.

第8章

1) 20分ほどのインタビューを行った。
2) 立ち話形式で，5分ほどのインタビューを行った。
3) 10分ほどのインタビューを行った。
4) タクシーを利用中に，5分ほどのインタビューを行った。

第9章

1) 確認したわけではないが，おそらく会社での教育によると考えられる。

第10章

1) この段落でまとめた台湾の歴史は，次の文献を参考にした：
   赤松美和子・若松大祐（編著）（2016）.『台湾を知るための60章』明石書店.
2) Hofstede, G. (1980). *Culture's consequences*. Beverly Hills, CA: Sage.
3) 2020年1月11日に台湾で行われた総統選挙の結果からもわかるように，多くの人々は中国（中華人民共和国）との統一を望んでいない。そこで台湾政府は，東南アジア諸国連合（ASEAN），南アジア，オーストラリア，ニュージーランドなどの台湾から見て南に位置する国々との様々な連携を強化する方針を2016年に打ち出し，推進している。

第11章

1) 例えば，スピッツバーグとキュパックによる，「動機」（相手と適切で有効なコミュニケーションをしようとする願望），「知識」（相手と適切で有効なコミュニケーションをするために何がなされないといけないのかに関する気づきと理解），「スキル」（相手と適切で有効なコミュニケーションをするための行動レベルの能力）がある。
   Spitzberg, B. H. & Cupach, W. R. (1989). *Handbook of interpersonal competence research*. New York: Springer-Verlag.
2) Gudykunst, W. B. (2004). *Bridging differences: Effective intergroup communication* (4th ed.). Thousand Oaks, CA: Sage.
3) Sternberg, R. J. (2000). Images of mindfulness. *Journal of Social Issues*, 56, 11-26. p. 12.
4) 例えば，多くの日系ブラジル人が居住する静岡県西部などや，多くの中国人が居住する埼玉県西川口などの地域における異文化摩擦が挙げられる。
5) 公益財団法人 日本国際交流センター（2018）.『日本の地方自治体における多文化共生の現在と今後：「多文化共生と外国人受け入れについてのアンケート調査2017」調査報告書』.

第12章

1)「認知レベル」は異文化に関する情報を参加者へ伝達することを目的とし，「情動レベル」は異文化に対する参加者の態度に変化を与えることを目的とし，「行動レベル」は

異文化において参加者が実際に効果的な行動をとれるようにすることを目的とする。
Bennett, J. (1986). Modes of cross-cultural training: Conceptualizing cross-cultural training as education. *International Journal of Intercultural Relations*, 10, 235-254.

2) 「低レベルの参加型」は講義中心の方法，「中程度の参加型」は事例分析やディスカッションなどの方法，「高レベルの参加型」は異文化体験シミュレーションやロールプレイなどを使用した方法である。
Brislin, R. (1989). Intercultural communication training. In M. K. Asante & W. B. Gudykunst (Eds.), *Handbook of international and intercultural communication* (pp. 441-457). Newbury Park, CA: Sage.

3) 小池浩子 (2000).「異文化間コミュニケーション教育と研修」西田ひろ子編『異文化間コミュニケーション入門』(pp. 310-334) 創元社.

4) 小川直人 (2008).「スキーマ理論に基づいた異文化トレーニング・プログラムの作成への試み」『国際行動学研究』第 3 巻, 37-48.

5) 西田ひろ子 (2000).『人間の行動原理に基づいた異文化間コミュニケーション』創元社, p. 84.

6) Nishida, H. (1999). A cognitive approach to intercultural communication based on schema theory. *International Journal of Intercultural Relations*, 23 (5), 753-777.

7) 同上書, Nishida, 1999.

8) 前掲書, 西田, 2000.

9) Gudykunst, W. B. (2005). An anxiety/uncertainty management (AUM) theory of effective communication: Making the mesh of the net finer. In W. B. Gudykunst (Ed.), *Theorizing about intercultural communication* (pp. 281-322). Thousand Oaks, CA: Sage.

10) 西田ひろ子 (編著) (2016).『中国，ベトナム進出日系企業における異文化間コミュニケーション考察』風間書房.

11) Hall, E. T. (1976). *Beyond culture*. New York: Doubleday. 邦訳 (1993)『文化を越えて』TBS ブリタニカ.

12) Folkman, S., & Lazarus, R. S. (1980). An analysis of coping in a middle-aged community sample. *Journal of Health and Social Behavior*, 21, 219-239.

13) 神村栄一・海老原由香・佐藤健二・戸ヶ崎泰子・坂野雄二 (1995).「対処方略三次元モデルの検討と新しい尺度 (TAC-24) の作成」『教育相談研究』33, 41-47.

14) Ogawa, N. (2011).「Stress, coping behavior, and social support in Japan and the United States」『福岡国際大学紀要』第 25 号, 1-14.

あとがき

　本書は，東南アジアからの人々との共生というテーマの下，台湾で行った
フィールドワーク（参与観察）の手法によりデータを収集し分析した結果を基
に構成されている。筆者のこれまでの研究の多くは実証主義に基づく統計
を利用しての量的調査であり，これほど大規模な質的調査を行ったのは初
めてである。その際，オクラホマ大学大学院の授業で学んだ参与観察の手
法を思い出しながら調査を進めた。その授業でご指導をいただいた Larry
Wieder 先生（故人）に感謝する。また，異文化コミュニケーション研究をご
指導いただいた西田司先生，Bill Gudykunst 先生（故人），Young Kim 先
生の3氏にも心より感謝する。

　2018 年3月末から1年間台湾に滞在し，東南アジアから来た人々が集ま
るコミュニティを訪問した中でも特に印象深い所は，台北駅と台中の東協広
場とその周辺である。台北駅では休日になると多くのインドネシア人女性が
集まり，彼女たちが着る服のカラフルさと持ち寄りの手作りの食べ物に興味を
惹かれた。台中の東協広場とその周辺にはベトナム人やタイ人の男性たちが
多く集まり，地元のルールに縛られない独特な生活環境を作り出していた。
ここに行く度に頭に浮かんだことは，この状況が日本で起きたらどうなるか
ということである。台湾と比べ，はるかに大きな社会問題となることが予想
され，心配である。

　日本で多文化共生を維持していくためには，学校教育を変えることも必要
である。これまでのような「周りの者と協調できる自己の育成」を最重視し
た教育は，価値観が共有されていた時代には有効であった。しかし，一部
の協調できない（あるいは，しない）者たちに対する差別感情を生むため，い
じめ問題を深刻化する主要因となってきたのである。現代はグローバル化の
時代であり，異文化から多くの人が入ってくるのに加え，日本人の価値観も
多様化しつつあり，「一億総〜」という表現はもはや過去の遺物と化した。

このような時代では，日本人同士の関係にも多文化共生の考え方が必要であり，「周りの者と協調できる自己の育成」を最重視した教育はグローバル化の流れに逆行するものとなっているのである。そこで今，日本人に強く求められる教育は「多様な他者を受容できる自己の育成」である。この教育を行うためには，マインドフルネスに基づいた他者の認識法の習得が欠かせず，日本での多文化共生が持続するかどうかは，ここにかかっていると言っても過言ではない。

　本書の出版にあたり，編集人の島村栄一氏，八朔社社長の片倉和夫氏に大変お世話になった。ここに深謝申し上げる。

著　者

著者略歴

小川直人（おがわ なおと）

学歴：日本大学国際関係学部卒業（1995 年）
米国カリフォルニア州立大学大学院フラトン校スピーチ・コミュニケーション研究科修士課程修了（M.A. in Speech Communication）（1999 年）
米国オクラホマ大学大学院コミュニケーション研究科博士課程修了（Ph. D. in Communication）（2007 年）

経歴：関西大学人間活動理論研究センター特別任用研究員（2008〜2009 年）
大阪商業大学 JGSS 研究センター PD 研究員（2009〜2010 年）
福岡国際大学国際コミュニケーション学部講師（2010〜2011 年）・准教授（2011〜2014 年）
福岡女子大学非常勤講師（2011〜2014 年）
日本大学国際関係学部准教授（2014 年〜）
国立台湾大学人文社会科学発展センター訪問学者(2018〜2019 年)

専攻：異文化コミュニケーション

主著：『グローバル社会のヒューマンコミュニケーション』（共著）八朔社（2017 年）

主論文："Stress, Coping Behavior. and Social Support in Japan and the United States."『福岡国際大学紀要』第 25 号, 1-14.（2011 年）

多文化共生と異文化コミュニケーション
台湾における東南アジアからの人々との共生

2020 年 3 月 30 日　第 1 刷発行

著　者　　小 川 直 人
発行者　　片 倉 和 夫

発行所　株式会社　八 朔 社
101-0062 東京都千代田区神田駿河台 1-7-7
Tel 03-5244-5289　Fax 03-5244-5298
http://hassaku-sha.la.coocan.jp/
E-mail: hassaku-sha@nifty.com

ⓒ小川直人, 2020
組版：鈴木まり／印刷製本：厚徳社
ISBN 978-4-86014-097-7

八朔社

グローバル社会のヒューマンコミュニケーション　二〇〇〇円

西田司・小川直人・西田順子著

文化的談話分析
中国を探る理論・方法　二五〇〇円

施旭著／袁園訳

知的財産と標準化戦略　三五〇〇円

藤野仁三著

アメリカ知的財産権法　三〇〇〇円

アーサー・Ｒ・ミラー他共著／藤野仁三訳

世界史の地理的構造　叢書ベリタス　三〇〇〇円

上野　登著

中世末期ネーデルラントの都市社会　叢書ベリタス　二八〇〇円
近代市民性の史的探求

マルク・ボーネ著／ブルゴーニュ公国史研究会訳

定価は本体価格です